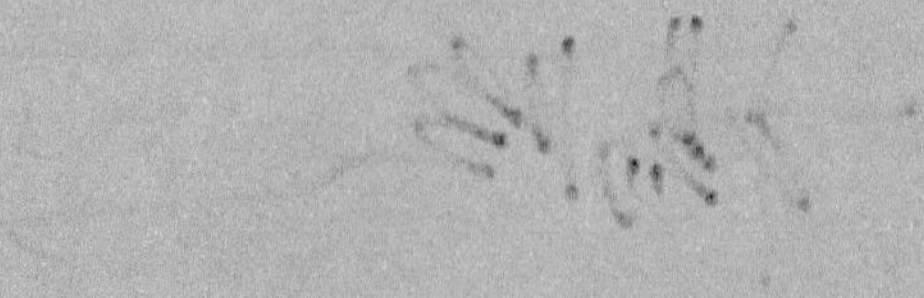

不一樣的中國史 迴音

概念民國

楊照 著

|序|

中國史是臺灣史的重要部分

歷史知識建立在兩項基本信念上，第一是相信人類的事物都是有來歷的，沒有什麼是天上掉下來或奇蹟所創造的；第二則是相信弄清楚事物的來歷很重要，大有助於我們分析理解現實，看清楚現實的種種糾結，進而對於未來變化能夠有所掌握，做出智慧、準確的決定。

歷史教育要有意義、有效果，必須回歸到這兩種信念來予以檢驗，看看是否能讓孩子體會、掌握歷史知識的作用。

不管當下現實的政治態度是什麼，站在歷史知識的立場上，沒有人能否認臺灣是有來歷的，不可能是開天闢地就存在，也不可能是什麼神力所創造的。因而歷史教育最根本該教的，就是「臺灣怎麼來的」。

要回答「臺灣怎麼來的」，必定預設了臺灣有其特殊性，和其他地方、其他國家不一樣，所以才需要從時間上溯源去找出之所以不一樣的理由。臺灣為什麼會有不一樣的文化？為什麼會有不一樣的社會？為什麼會有這樣的政治制度與政治狀態？為什麼會和其他國家產生不同的關係？……

所謂以臺灣為本位的歷史教育，就是認真地、好好地回答這幾個彼此交錯纏結的大問題。那麼歷史教育的內容好不好，也就可以明確地用是否能引導孩子思考、解答這些問題來評斷了。

過去將臺灣歷史放在中國歷史裡，作為中國歷史一部分的結構，從這個標準上看，有著明白而嚴重的缺失，那就是忽略了臺灣複雜的形成過程，特殊的地理位置使得臺灣從十七世紀就在東亞海域衝突爭奪中有了角色，中國之外的各種力量長期影響了臺灣。只從中國的角度，不看來自荷蘭、日本、美國等政治與文化作用，絕對不可能弄清楚臺灣的來歷。

但是，過去的錯誤不能用相反的方式來矯正。臺灣歷史不應該是中國歷史的一部分，然而中國歷史卻仍然是臺灣歷史非常重要的一部分。關鍵重點在調整如此的全體與部分關係，確認不該將臺灣史視為中國史的一部分，而該翻轉過來將中國史視為構成及解釋臺灣史的一部分。這樣調整之後，再來衡量中國史在如此新架構中該有的地位與分量。

不只是臺灣的社會與文化，從語言文字到親族組織原則到基本價值信念，和中國歷史有著太深、太緊密的連結；就連現實的政治與國際關係，去除了中國歷史變化因素，就無法理解了。硬是要降低中國歷史所占的比例分量，降低到一定程度，歷史就失去了解釋來歷和分析現實的基本作用了。

從歷史上必須被正視的事實是：中國文化的核心是歷史，保存歷史、重視歷史、訴諸歷史是中國最明顯、最特殊的文化性格。因而中國文化對臺灣產生過的影響作用，非得回到中國歷史上才能看得明白。

不理解中國史，拿掉了這部分，就不是完整的臺灣史。東亞史的多元結構無法提供關於臺灣來歷的根本說明，諸如：臺灣人所使用的語言文字、所信奉的宗教與遵行的儀式、內在的價值判斷優先順序、對於自我身分角色選擇認定的方式、意識深層模仿學習的角色模式……

歷史教育需要的是更符合臺灣特殊性的多元知識，但這多元仍需依照歷史事實分配比例，一味相信降低中國史比例就是對的，違背了歷史事實，也違背了歷史知識的根本標準。

目次 contents

之二

「中華民國興亡史？」

之三

民國故事與民國人物

第二部分

我所關注的「中國史」

第一部分

我所認識的「民國史」

之一

那麼近又那麼遠的民國史

01 為何這個時代要談「民國史」？

有什麼理由要在這個時代談「民國史」嗎？第一個是弔詭、聽來近乎狡辯的理由——正因為現在沒有人在講「民國史」了，甚至將「民國史」視為某種不存在、不該存在的事物。既然談「民國史」是如此不合時宜的事，那似乎就有值得考慮的價值。

第二個理由：「民國史」是在道理上我該談卻遲遲未談的題目。這要從之前費了十五年時間完成的《不一樣的中國史》說起。那一套一共十三冊的書，其性質定位是中國通史，原本在「敏隆講堂」、「趨勢講堂」開課時，課程名稱是「重新認識中國歷史」，我自覺地假設學員已經對中國歷史有一些基本認識，試圖提供比較新的研究成果，挑戰或修正過去對中國歷史的俗濫講法以及形成的刻板印象。

這套通史從新石器時代晚期說起，到辛亥革命結束。關於起點的選擇，我有史學立場上充分的自信；對於終點的選擇，我也在書中做了詳細的說明，不過用心的讀者，尤其是遠流出版的專業編輯，卻看得出來我的態度就沒有那麼堅決了。

講述並寫作「通史」，中國史學中一個傳統、一個現代的前例，成為我的思考與架構基底。傳統的，是司馬遷的《史記》；現代的，則是錢穆的《國史大綱》，那都是高度自覺以一人之力完成「通史」的重要成就。

然而這兩部著作，尤其是《史記》給了我很大的精神壓力。司馬遷寫《史記》的開闊態度，源自於一種堅實信念與相應的野心，那是深信將人類經驗依照時間軸，從最古遠一路排到當下，能夠彰顯出一份意義，並且提供無法用其他方式獲得的特殊智慧。

而司馬遷在惡劣的環境中，堅忍實踐這份信念，將他的歷史一直寫到〈今上本紀〉，也就是提供了當代事件的基本梗概，讓讀者能對照明瞭事物彼此之間的前後因果連結。〈今上本紀〉後來遺逸了，然而關於漢武帝一朝的關鍵史事，仍然以特殊的形式記錄在《史記・封禪書》中。

〈今上本紀〉成為《史記》少數缺漏的內容，正因為司馬遷要秉筆直書當代事件，用一貫的歷史態度與標準，記錄自己親身經歷的漢武帝一朝，那就必然寫下了許多對時人、尤其是對現實威權來說「不方便」的事實，會被刪改、掩藏毋寧是可以預見的事。

我的通史立場相當程度繼承司馬遷，認定拉長了時間尺度，有些關鍵的歷史變化才會清楚浮現出來，也才會刺激我們去扣問一些更廣泛、更具有人類經驗普遍性的問題，探尋出小尺度、小範圍整理史料時不可能找到的答案和結論，視之為「通古今之變」的追求。

所以當我將這套中國通史停在辛亥革命而沒有再往下寫，明顯就違背了這樣的史學精神。雖然在《不一樣的中國史》第十三冊中，我努力從「史學準備」的角度做了解釋，表示辛亥革命之後的龐大史料到目前為止尚未有足夠比較客觀、全面的整理，我無從找到可信的依據來進行通史式的敘述與論斷。不過如此純粹出自於史學方法與知識考量的說法，還是經常被誤認為我指的是此下的「民國史」因為牽涉不同政治立場，尤其是無法擺脫國、共分歧的意識形態，所以望而卻步。

連帶地引發的質疑是：難道有什麼忌諱，所以故意閃避現代史、當代史不講？如果那樣，我就太對不起曾經給予我既大且深思想啟發的司馬遷與《史記》了。

02 那一年，大陸掀起的「民國熱」

要在辛亥革命之後往下講中國歷史，那就進入了「民國史」。回想十幾年前，我開始構思這套通史，並開始在「敏隆講堂」開設「重新認識中國歷史」課程時，「民國史」的地位與狀態，和現在大不相同。

在二〇一〇年前後，中國大陸掀起了「民國熱」，連帶影響了臺灣社會。事實上應該這樣倒過來看，二〇〇八年第二次政黨輪替之後，臺海兩岸關係快速拉近，尤其是民間的交流極度熱絡，大陸民眾對臺灣產生了空間的興趣與好感。臺灣被視為某種未來大陸發展的典範，尤其是民主制度與多元自由的情況，讓許多大陸朋友甚感認同、羨慕。

於是在大陸出現了一個帶有高度現實批判意涵的提問：「為什麼臺灣能發展出民主與多元自由？」當然，這樣的提問中帶著對中共的批評與不滿，所以也不能講得那麼明白，於是轉一個彎，改寫成歷史性的問題，將焦點放到「民國」，問：「民國」有什麼特殊之處，後來被國民黨帶到臺灣去，因而決定了當前大陸和臺灣截然差異的發展道路？

這樣的提問，忽略了日治殖民因素，忽略了臺灣在韓戰之後被編入冷戰結構中形成對美國依賴的因素，不可能真正解釋現實臺灣的來龍去脈。不過提問的動機從來就不是真的為了研究、理解臺灣史，毋寧是要利用臺灣的成就，對照形成對中共政權的檢討，並且試圖推動大陸政治與社會進一步的開放改革。

所以有「民國熱」。熱潮的最高點處，當時最受矚目的《新周刊》接連做了兩個專輯，一個是「臺灣最美的風景是人」，另一個是「民國範兒」，兩個題目都引發了爆炸性的關注，而這兩個題目是明顯相連的。差不多同時，幾齣與民國有關的電視劇集在大陸上演，本來要呈現民國時期北洋政府亂局的情節，也都能夠「歪樓」引發讚嘆：那時代的大學何等自由！那時代的思想全無管制！那時代大家都可以毫無忌憚地批評政府啊！

當時不知道，十幾年後回顧才曉得，那是中國大陸一段奇特的黃金時代，在思想、學術、藝術，乃至生活改造都迸發出驚人活力的時代。而「民國熱」既是那個黃金時代的重要印記，也是引爆大陸社會探尋活力的一項主要刺激。

那時候我曾到北京參加過一場活動，主題就是「民國是什麼？」活動地點是一個可以容納幾百人的地下室，一個不可思議的優質講演活動場地，那麼廣大的空間竟然沒有一根柱子，讓坐在不同方向的每個觀眾都能不受阻礙地看清楚臺上。為什麼會有這樣的地下室？這裡是「民國」留下來的「美國駐北平領事館」，地下室是美國人特別設計修建，供北平美國人在戰爭中避難用的。

更不可思議的是，動用了這麼大的場地，然而活動開始前，排隊要進場的人群卻一直排到下一個街角轉過彎去，吸引了將近兩千人，其中大部分是北京的年輕人。

03 臺灣存留著的「民國範兒」

那個場合中和我同臺的，就包括了發明、推廣「民國範兒」說法與觀念的陳丹青。和這些大陸朋友在一起，當時的環境中我可以清楚感受到他們的眼光——臺灣就是「民國」的繼承，現在臺灣的狀況中存留著「民國」遺緒。不管我喜不喜歡、同意不同意，作為來自臺灣的客人，他們就是將我和唐諾等人看作是某種「民國代表」，特別想要從我們身上找到某種在大陸失傳了的「民國範兒」。

而偏偏不管我自己主觀態度是什麼，還真不能否認我有一定的「民國經驗」。所以在那場活動中，短短的十幾二十分鐘內，我從自己切身經驗出發，描述我認知的「民國時代」。

我在一九八一年進入臺大歷史系，那是曾經有過濃厚「民國文人」學術與思想氣氛的特殊機構。我沒有趕上那些「民國文人」帶著他們的各地鄉音以及他們的「民國經驗」在臺大歷史系上課的時代，但我還來得及接觸到他們留下的記憶仍然鮮活地在臺大歷史系流傳的景況。

印象深刻的是，作為新生遇到眾多學長學姊，或是在一些比較年輕的系中老師課堂上，動不動就聽到一聲帶有驕傲意味的嘆息，隨後跟著遺憾的口吻：「唉，你們沒機會上某某某老師的課了……」

我們來不及上沈剛伯的課，來不及上劉崇鋐、楊雲萍的課，來不及上臺靜農、方東美的課……，聽起來，我們錯失了什麼課，似乎比我們現實裡能上到哪個老師的哪門課，要重要得多。

沒上到，但學長或老師會轉述我們所錯過的。例如方東美老師，每次在文二十一教室上課，永遠都是十點鐘的課，來的時候拎著一個滿得鼓起來的皮包，另外手上抱著一大疊書。上課時先將所有的書拿出來放在講桌上，然後開講，從柏拉圖講到《大乘起信論》，講到阿奎納，講到康德，講到王弼的《老子注》……，中午時間到了，不理會下課鐘聲繼續講，講到十二點四十五分才下課。

神奇的是，將近三小時的講課過程中，方老師完全沒去動那些他帶來的書。但是下一次上課，他一定還是裝滿皮包又抱個滿懷，帶那麼多書來。

例如沈剛伯老師。我大二時修劉景輝老師的「希臘羅馬史」，開學後第一堂課，劉老師來了，笑容可掬地對我們說：「以前這個課，都是沈剛伯老師上的，我不是沈剛伯，所以我不會按照沈老師的方式教希臘羅馬史。」然後劉老師就跟我們舉例描述沈老師如何上「希臘羅馬史」。

上課時，沈老師很瀟灑地兩手空空走上講臺，在黑板上寫下大字「490BC」，說：「西元前四九〇年，波斯國王大流士派兵正式入侵希臘，開始了第一次『波希戰爭』。」然後話鋒一轉，問臺下的同學們：「你們知道戰爭是怎麼回事嗎？你們誰有戰爭經驗，記得戰爭？……我有，我記得。」接著他就開始講他自己親歷的「三大會戰」，那當然不是發生在希臘的戰爭，而是國民黨和共產黨在大陸的內戰。

下課鐘響，沈剛伯回頭將原本寫在黑板上的「490BC」擦掉，說：「後來希臘人打贏了，下課！」

04 民國文人的民國精神

我當然沒有能力求證這些傳言內容有多少是事實，又有多少誇大，所以也就不多轉述了。不過臺大歷史系的這種精神，另外還有一些確確實實是我自己經歷而留下難以忘懷記憶的。

第一次去上蔣孝瑀老師的「英國近代外交史專題研究」課，是小班的討論課，主要開給研究生的。老師坐下來先自我介紹：「我叫蔣孝瑀，我的名字很特別，你們不可能記錯或忘記。每到選舉的時候，系上的老師都會慫恿我去參選，說我甚至只要放出風聲要選，就一定有政治高層捧著錢來拜託我不要選。你們知道這個道理吧？如果你們不知道，那表示你們對於政治的理解與敏感度不夠，恐怕就很難研究那麼複雜的英國近代外交史。」

哇，好辛辣的開場白，用自己的名字同時調侃了臺灣的強人政治，又預告了研究外交史所需要的現實政治知識條件。

另外，大一時教我們「中國通史」的是林瑞翰老師。後來我才知道他是林燿德的父親，很難將他和曾經在臺灣文壇風光翻攪的林燿德連在一起，因為作父親的林老師何其內向、何其害羞啊！

林老師在三民書局出版了一本《中國通史》，上課時基本上就是將書中所寫的，稍微增添一些內容唸過去。他從來不點名，甚至從來不抬頭看臺下的同學，也從來不在課堂上講任何的題外話。這樣的上課方式當然使得課堂上經常人氣不旺，只有幾位最乖的女學生在場。

下學期快結束時，有一天中午在文學院門口遇見了好幾個班上的同學，聚在那裡神色激動地談論林瑞翰老師。這太奇怪了，如此平淡低調的老師怎麼會引起討論呢？

那天早上林瑞翰老師破例跟班上同學說了題外話。林老師表情凝重地期許同學雖然才大一，但應該要好好讀書、好好學習。然後提到了研究所放榜，這一年臺大歷史研究所錄取十二名，其中竟然只有六位是自己系裡的大四準畢業生，被外校拿走了一半的名額！

林瑞翰老師用他不是很好的口才試著解釋：你們要珍惜臺大的學風，臺大的學生不是為了前途才念研究所，而是有一種學問上更高的理想；太多外校學生進入研究所，很可能帶來功利氣質，將原來臺大的學問理想破壞了……

真正使得同學們以驚訝口吻紛傳，是因為說到這裡，林老師竟然落下淚來，口中喃喃說：「沒有把你們教好是我們的責任……」

林老師對外校學生的看法，當然是不折不扣臺大本位的偏見，然而讓我那麼多年無法遺忘的，是他對於心中認定臺大歷史系承傳的一種非功利知識追求理想，如此認真看待。他以近乎天真的心，口拙地對學生表達了自己最誠摯的關懷。

05 兩位領導人對待知識分子的不同態度

在北京的活動中，我簡單總結自己在臺大還能感受到的民國遺留氣氛。民國一半在大陸，一半在臺灣，有一個貫穿的特殊現象，那就是學校裡，尤其是大學裡，一直維持著比外面社會自由、甚至自由得多的情況。

中華民國和中華人民共和國在這點上截然不同，清楚反映了兩位主要領導人——蔣介石和毛澤東——對待知識分子不同的態度。蔣介石和毛澤東都不是知識分子出身，都不喜歡知識分子。蔣介石到日本念軍事學校，回中國後在上海混過一陣青幫，從來沒有認真好好讀書；毛澤東從湖南湘潭搬到北京，勉強在北大圖書館找到工作，所以他一直記得那些教授、學生們從來沒將他視為同類的眼光。

他們都是受過那個時代知識分子壓迫的人，因而他們掌權後必然和知識分子關係緊張。毛澤東報復性地仇視知識分子，用底層人民的語言稱他們為「臭老九」，進而尋求知識分子的徹底服從。

新中國建立之後，毛澤東聲望到達最高點，自信滿滿的情況下，他做了一項錯誤判斷。他認為自己已經足以收服全中國的人心，包括知識分子都應該對新中國的成就深感佩服。於是他發動了針對知識分子的「兩百運動」（又稱「雙百方針」），要他們「百花齊放、百家爭鳴」，盡情說出心裡的話，預期如此能夠聽到知識分子真心的讚頌，得到他最想要的心理補償。

但他面對的是民國的知識分子，稍有一陣遲疑後，很快地他們就真的大鳴大放，對剛掌權的共產黨提出了許多檢討意見，甚至沒有避開對毛澤東的批評。毛澤東大怒，一轉態度改口說「兩百運動」是引蛇出洞的「陽謀」，斷然發動「反右」，將這些膽敢發表負面意見的知識分子都打成「右派」，進行毫不留情的鎮壓肅清。

「反右」、「三面紅旗」[1]、「大躍進」一直運動不斷，最後升高到一九六七年的「一月風暴」[2]以及已經開展的「文化大革命」，每一次整肅都有更多「臭老九」倒楣受苦，於是將民國所培養的知識分子與學術知識傳統在不到二十年的時間裡消滅殆盡。要到一九八〇年代中期之後，大陸社會才掀起了「大補課」，等於是在一片廢墟中重建新的知識與思想基礎。

然而在臺灣的國民黨威權下，卻完全不是這種狀況。蔣介石對知識分子從來不曾有過像毛澤東的那種高姿態自信，而是擺脫不了一定程度的自卑感。這在他和胡適之間的關係表現得最明白。查看《蔣介石日記》，從抗戰時期一直到胡適去世，分散在三十年間有多少痛罵胡適的記錄。可是蔣介石只能在日記裡罵。就連一九六〇年發生「雷震案」，胡適回臺求見，兩人會面時，實際場面是胡適毫不客氣地指責蔣介石的做法使得中華民國在美國大受譏評，完全無法辯護，嚴重傷害了「中美關係」。面對胡適的憤怒，蔣介石當場無法發作應對，只能退而在日記裡發洩他的情緒。

關鍵時刻，胡適決定回到臺灣擔任中央研究院院長，最主要的考量是排開蔣介石安排的張其昀，保持中央研究院的獨立性。不管蔣介石和他身邊的人做了多少安排，一旦胡適願意當院長，他們也就只能收回算計，將院長大位拱手送給胡適。

再回頭看，一九四九年兵馬倥傯之際，國民黨大舉遷臺，蔣介石將自身還能控制的所有資源都用在眾多部隊和政府單位的撤退運輸上，但他不忘記特別將許多難得的飛機位子替重要的學者、知識分子留下來。而讓他尷尬並憤憤難平的是，許多被點名特邀的代表性人士，卻拒絕和國民黨一起離開大陸，還有一部分人即使要離開大陸，也寧可自己前往香港，不願搭國民黨專機到臺灣。

這樣的心結一直在蔣介石和國民黨的價值意識中。所以後來積極爭取張大千從美國遷居臺灣，不只給了他「摩耶精舍」，還同意幫他將巴西、美國舊居庭院裡的石頭一起運到臺灣。此外，也用「素書樓」爭取已經七十多歲的錢穆來臺，視他們為能夠撐起藝術、文化、知識體面的重要人士。

1 「三面紅旗」是中國共產黨於一九五九年推行的三項核心工作，分別為「社會主義建設總路線」、「農工業生產大躍進」與「人民公社」，以社會主義為指導思想，企圖超英趕美。

2 「一月風暴」是指發生於一九六七年一月，中國大陸「文化大革命」初期，由張春橋、姚文元等人策劃指揮，奪取上海市機關黨、政、財、文等大權的奪權事件。由於獲得毛澤東的認可與讚揚，遂引發其他各省市的造反派大規模的奪權行動。

06「校園不服從」的自由風氣

在臺灣，國民黨的手當然要伸入校園。但在管控大學時，蔣介石對於落戶在此的知識分子始終有著心理忌憚，因而相較於社會，校園中仍保有較為開放、自由的風氣。

我在「美麗島事件」、「林宅血案」剛發生後進入臺大，外面的政治環境進入新的緊縮狀態，然而在臺大內部，卻保留了無所不在的自由空間。社會上的「黨外」大受挫折，臺大校園裡的「黨外」卻正藉著《大學新聞》、《大學論壇》、《法言》等雜誌積極集結。就連校園內的國民黨知青黨部也受到政治環境動盪的影響，開始了一連串的改造，以《長城通訊》在思想領域與「黨外」學生正面交鋒。

我念歷史系，最常待的地方是文學院圖書館。那幾年臺大的各系所圖書館陸續改成開架式，容許學生自己到書庫裡找書，於是我最喜歡待的地方，也是感到最熟悉、最親切的地方，就成了「文圖」的書庫。

那個時代的「文圖」書庫分為左右兩邊，入口向右走是中文書區，向左走則是外文書區。每區又分成兩層，下層擺放一般書籍，上層則是不外借的套書及期刊。我永遠忘不了第一次走上中文書庫二樓，鐵製樓梯發出引起陰森聯想的聲音，剛站定腳步面對第一排書架，就發現眼睛高度之處，極度醒目地放置了一排雜誌合訂本，書背上的大字寫著「自由中國」。

我嚇了一跳，曾經多次在黨外雜誌、在一些「危險」書刊中一再讀到的傳奇刊物，竟然就如此大剌剌地呈現在我眼前，而且是如此方便的一整套合訂本！於是我花了一、兩個月的時間，每天幾個小時耗在文圖書庫裡，基本上將《自由中國》的文章都看過一遍，建立了我對於自由主義政治的初步理解，以及再也不曾動搖過的根底信念。

還有一項我沒有忽略的重點事實浮現出來。我仔細對比，很確定依照編碼，這套《自由中國》不應該擺放在二樓書庫樓梯入口最醒目的書架上。這只能有一種解釋：在文學院圖書館中有一位和殷海光、和《自由中國》、和「臺大哲學系事件」[3]關係密切的教職員，故意將期刊擺放在那裡，以便吸引更多學生可能注意、接觸到這套合訂本。不曉得其他文圖職員還有多少人知道、或注意到這樣的安排，至少知道的人也都予以配合，不去改動合訂本擺放的位置。

我深深感謝這位人士的用心良苦，讓我能在二十歲之前，臺灣現實政治風聲鶴唳之際，在大學校園中，在文圖書庫裡，經歷了完整的民主思想教育，建立了堅實的自由主義態度。

大學校園中相對的自由風氣，是使得臺灣在威權時代能夠保有思想活力，終於推動了臺灣進步改革的關鍵因素。而這種「校園不服從」的風氣，和從大陸來的「民國文化」，有著非常密切的關係。

3 「臺大哲學系事件」是指一九七二年十二月至一九七五年五月間，在臺大校內，因政治力介入校務，導致多位哲學系教職員，包括陳鼓應、梁振生、陳明玉、趙天儀、王曉波、游祥洲、楊斐華、李日章、胡基峻、黃天成、郭實渝、鍾友聯、黃慶明，以及美國籍客座教授馬樂伯（Robert Martin），以「為匪宣傳」、「赤色分子」等罪名，不予續聘而被迫離開，臺大哲學研究所停招一年。

07「荒唐鏡像」的歷史認知

需要談、需要了解「民國史」嗎？答案是肯定的。光是在很簡單的史學斷代架構上，「民國史」就有不可或缺的地位。「民國」是一個斷代，標記從一九一二年清朝終止之後中國歷史的新階段。要描述此後在中國所發生的事情，我們需要給予一個斷代名稱，而斷代名稱同時就具備了一定的共同性質指涉。

但是從當年的「民國熱」，到現在「民國」在臺灣成為大冷門，沒有人感興趣，在大陸更變成禁忌，不准在黨的標準答案之外另做敘述、討論，讓人深深感慨。而且在臺灣，這幾年很明顯出現了我稱之為「荒唐鏡像」的歷史認知變化。

「鏡像」的這一邊，是過去用中國史架構來講述臺灣史，甲午戰爭、八國聯軍，然後滿清覆滅、建立共和，再來是北伐和抗戰，然後抗戰結束同時帶入臺灣光復。依照這樣的歷史敘述，完全無法理解臺灣，連什麼是「二二八事件」，為什麼會發生「二二八事件」都講不通、解釋不了。很簡單，因為日本人統治的那一段被忽略了，而沒有日本人、沒有日本統治，要如何講臺灣史？

所以，要能有效展現臺灣的歷史發展，非得將和日本歷史緊密糾結的那一段放回來，必須認真講清楚從一八九五年到一九四五年，日本人究竟在臺灣做了哪些事？都從中國角度去看歷史，不吸收日本的相關歷史資訊，無從建構起對於臺灣的認識。

好不容易在反覆、多向的批判後，大中國意識形態退位了，然而沒多久之後，竟然出現既相反又極其雷同的新狀態。為什麼會既相反又雷同？那就是「鏡像」，好似在鏡中出現左右相反的影像。

現在流行的變成「去中國化」，講臺灣史的時候完全避開不談中國發生了什麼事。跳開、脫離「民國史」，我們絕對不可能對臺灣史看得更清楚、解釋得更明白，只是換從相反方向讓臺灣史充滿缺漏。

不講「民國史」，要如何解釋一九四九年之後臺灣的政治架構與政治局勢？例如，在臺灣有中央政府又有省政府，這兩個不同層級的政府卻有著大致相同的管轄範圍。講臺灣史時，常有人亮出中央政府預算，上面顯示了驚人的比例——高達百分之八十是花在國防上。那個時代臺灣的政府以國防預算為最大宗，這是不爭的事實，但光以中央政府預算來看比例，卻嚴重失真了。因為中央政府和省政府基本重疊，所有教育和民政預算就都編到省政府那裡，應該要將這兩級政府的歲出項目加在一起，才能準確反映出政府運作的實況。

這是不正常的特例，而造成如此特例的根源，不能從狹義的臺灣本土歷史去尋找，非得溯及民國史，整理出國民政府的政治意識形態，和中國共產黨爭權過程中的種種宣傳口號，了解他們來到臺灣所背負的「正統包袱」，才能弄清楚這個突然架在省政府之上的中央政府真正的性質是什麼。

還有，如果將中央政府和省政府預算加在一起，就會顯示出在軍費之外，國民政府最大宗的開銷放在教育上。兵荒馬亂之際竟然還如此重視教育，這真的是「民國遺緒」，是民國政治概念的延續；也是這種對於教育的執著與重視，才會有後來的「九年國民義務教育」改革，並且培養出臺灣以廉價優質勞動力打造出口經濟動能的發展基礎。

08 蔣氏父子來到臺灣之前

貫串五〇年代到八〇年代，臺灣最重要的政治人物首推蔣氏父子，而蔣介石和蔣經國都不是到一九四九年之後才出生的，在來到臺灣之前，他們已經擁有漫長的生命經歷，他們在臺灣的各種統治作為，是由他們來到臺灣之前，即「民國史」的種種事件變化決定的。

不了解屬於「民國史」的那一段，要如何描述、說明蔣經國和臺灣的關係，他如何看待臺灣，如何在對待臺灣的態度上經歷了幾次重大的轉折？

蔣經國的一生極其複雜，而且來到臺灣前就已經很複雜了。最奇特卻也影響最深遠的，是他曾經在蘇聯待了十幾年，剛開始在莫斯科的「中山大學」念書，那是以孫中山之名建立的機構，但在一九二七年之後，他當過兵、耕過田、做過礦工，又轉而流落到烏拉山區去當重型機械廠的技師。他一度認定自己再也沒有機會回中國，將會終老在這塊僻遠的土地上，就在那裡娶了妻子、生了小孩，直到一九三六年發生「西安事變」後，他才取得了回國的機會。

這段年輕時期的特殊經歷，怎麼可能對他沒有影響，沒有長遠的意義？他回到中國之後，最早得到的工作是被派到贛南。那是早先中國共產黨被五次「剿共」行動趕出來之前，他們以井岡山為中心建立的「蘇區」，也就是一邊打游擊、一邊推行共產主義政策的地區。顯然做父親的蔣介石沒有忽略、忘掉兒子的「蘇聯經驗」，於是讓有具體又漫長俄羅斯「蘇區」經驗的兒子去收拾新奪回的中國「蘇區」。

同樣沒忘掉、更難忘掉的，是作父親的曾經如何背叛在遠方的兒子，同時作兒子的又如何在遠方表態和父親恩斷義絕。一九二七年是「民國史」的關鍵年分，這一年間，國民黨在「北伐」的過程中，軍事上的勝利帶來內部路線衝突，演變成「寧漢分裂」，一個黨分出武漢和南京兩個黨中央，進而由蔣介石領導的黨中央逆轉了孫中山訂下的「聯俄容共」策略，激烈、殘暴地展開「清共」。

蔣經國會去莫斯科，是「聯俄容共」政策下的安排，作為蔣介石和蘇聯親善的保證，實質上也就是將自己的大兒子當作人質送去穩固雙方合作基礎，是蔣介石在國民黨內進一步鞏固權力做法的其中一環。然而人質還在蘇聯，蔣介石卻斷然和共產黨翻臉，還採取激烈手段在上海殺了許多共產黨員，也就難怪蔣經國被從莫斯科逐步流放到烏拉山區了！

被父親如此對待，一方面要向蘇共交代，另一方面應該也真心想發洩憤恨不平吧，蔣經國寫了給蔣介石的公開信，指責蔣介石是法西斯軍閥，和蔣介石劃清界線，只差沒有正式宣告斷絕父子關係。

兩人的父子關係被外在政治情勢主宰。發生「西安事變」後，蔣介石承諾停止「剿共」，轉而和共產黨「聯合抗日」，國共之間和解了，蔣經國才有了可以從蘇聯回國的條件。有過這樣的衝突經驗，父子兩人要如何重新相處？這顯然不是件簡單的事，於是蔣介石決定先將兒子派到「蘇區」去，蔣經國也因此取得了他在中國最早的政治資歷。

09《雷震日記》記錄的蔣經國崛起

抗戰結束沒多久，國共內戰爆發，蔣介石在中國的地位一下子從雲端跌落，會戰接連失敗，國軍部隊大批向共產黨投降，國民黨內不只風聲鶴唳，而且呈現眾叛親離的混亂。在這種狀況下，蔣經國在蔣介石的權力架構中，得到了愈來愈重要的位置。

國民黨在大陸徹底失敗前，蔣經國被派去上海「打老虎」，負責金融、物價管制，結果真的打到了孔令侃這一隻「大老虎」，但在蔣宋美齡強力介入干涉下，最終只能承認失敗，倉皇退出上海。不過這次的經驗，一來顯現了他內在社會主義管制經濟的信念猶存，二來也向蔣介石表現、提供了「孔宋家族」

以外的選項。

大陸徹底失守，逼著蔣介石重新布局，孔宋家族已被阻擋在臺灣之外，陳家「CC派」[4]中的哥哥陳果夫死後，弟弟陳立夫就被趕出臺灣，如此一來，原本國民黨內圍繞著蔣介石的主要勢力確定瓦解，蔣介石身邊能夠相信、任用的人進行了一次大洗牌，於是親生大兒子蔣經國愈形重要。

《雷震日記》中留下了一份關於蔣經國崛起的重要記錄。有一年的「三二九青年節」，為了紀念「黃花崗七十二烈士」，政府大員齊聚在忠烈祠，過去見到雷震都禮貌地叫「叔叔」的蔣經國，這次卻不假辭色板著臉，不客氣地指責雷震前一陣子到香港去的言行有不適當的地方。雷震對蔣經國的態度大感驚訝，意識到蔣經國在國民黨內的權力地位已經不一樣了，很現實地不再將雷震視為父執輩，而是另一個該受管轄的政府成員而已。

不過蔣經國對雷震態度的大轉變其來有自。雷震主持的《自由中國》期刊前後刊登了多篇針對「青年反共救國團」的批判文章，指出這是一個「黑單位」，沒有法源根據，卻擁有龐大的資源和影響力，與教育部爭奪管控學校學生的實權。

「青年反共救國團」確實是體制外橫生出來的，不過國民黨本來就有高度人治性質，不符合體制規範的單位和做法那可多了，特別對於「救國團」看不順眼，相當程度上也反映了雷震對於愈來愈清楚的「少主接班」態勢的質疑與不滿。

如果不回到「民國史」，不了解蔣氏父子來到臺灣前的關係，不只是這一段臺灣政治權力接班的過程無從說清楚，還必定會產生許多自以為是的誤解。

4　「CC派」名稱的由來，一說源於一九二七年在上海成立的「中央俱樂部」（Central Club），一說是領導者陳果夫、陳立夫兄弟都姓陳（Chen）。

10 自由主義思想的啟蒙，來自「民國」

民國史很重要，但民國史又很麻煩。光是民國史作為斷代單位，都很難說清楚。「民國」如何開端？很簡單，那是一九一二年清朝皇帝遜位，承認中華民國政府的合法性，中國兩千多年的帝制結束了，從「帝國」變成了「民國」。然而「民國」的斷代下限呢？民國史該終止在哪裡，已經終止了嗎？

關於這個問題，有一個比較直截了當的答案，也是中國大陸的官方立場：中華民國終止在一九四九年，中華人民共和國取而代之，歷史從此由「民國時期」進入「中共統治時期」，一直延續至今。

這是他們的標準答案，但我們該接受、能接受嗎？如果中華民國亡於一九四九年，那麼一九四九年以後的臺灣史就沒有著落了，要用什麼樣的架構來敘述、解釋這段臺灣史？有人可能會主張：臺灣史就是臺灣史，以「臺灣主體性」來講臺灣史，不需要牽扯「民國史」，不必理會民國是不是在臺灣延續。但是這種立場和歷史事實完全不符合，更重要地，將使我們看待臺灣史時產生太多的疏漏。

例如我們就看不到這段時間中臺灣校園的特殊性，尤其是自由主義政治思想在校園裡保持流傳的事實。而缺少了這一塊，要如何解釋後來臺灣民主運動的發展呢？臺灣民主運動中的關鍵現象之一，是出現了「黨外雜誌」，吸引了一批熱血知識青年投身其中，擔任作者、編輯，這些人後來甚至集結為「黨外編聯會」，又由「編聯會」發展出更堅實緊密的組織，形成了民進黨內的主要派系「新潮流」。

這些人怎麼來的？是從校園中接受自由主義思想啟蒙而成長的，背後遠溯影響他們、決定他們政治參與的力量，來自於「民國」，很明顯是中國大陸

「民國」人文知識傳統的移植與新生。

一九四五年以前，臺灣只有「臺北帝國大學」，臺北帝大有其特殊的精神，但絕對不是人文知識分子集結之處。臺北帝大在日本擴張下的帝國情境中成立，最主要的目的是為未來的帝國培育所需的新形態人才，成為「南進」開發南洋的知識重鎮。從「土俗人種學研究室」，到以毒蛇研究建立獨特學術地位的動物系，到校園中種植具備高度象徵意義的南洋風大王椰子樹，在在都顯示了臺北帝大的使命與功能，也就相應構成了這所大學的知識精神風格。

臺灣南進基地化的大策略，決定了臺灣教育機構的性格，不只是本土臺灣人很難取得較高的法政知識訓練，而是整體的臺灣知識體制上就不重視文哲、法政。

一九四九年以前的臺灣教育機構沒有這種自由人文知識傳統，一九四九年以後的中國大陸也沒有。新中國成立之後，很快就展開了對於高等教育機關與人員的徹底大整肅，建立起嚴格管控的機制。

我第一次去南京，是受錢曉華創立的「先鋒書店」邀請，住在南京大學的賓館裡。第二天一早錢曉華來了，熱心地帶我參觀還遺留著一點民國遺風的南大老校園。走著走著，錢曉華指著前面的一棟建築物說：「那裡是校長辦公室和校務中心。」抬頭看時，最醒目的是建築物最高處掛著一顆代表共產黨的大紅星。

我脫口而出地問：「南大校長一定要是黨員嗎？」話一出口就後悔了。果然錢曉華投來一個稍帶無奈的眼光，沒有立即回答。真不該問如此沒有常識的問題啊！在中國大陸，大學和其他所有機構都一樣，實質上最高領導人是書記，校長和省長、市長等都只是「二把手」，而既然是書記，有可能不是黨員嗎？

同樣在那一趟旅程中，我去了華東師範演講。演講過程中我沒多想地講出了「臺灣和中國」，然後立即察覺自己失言了。因為在場幾百名學生出現了一種難以形容卻極其明確的反應，讓我不得不馬上改口修正：「臺灣和大陸」。

在他們那裡，「臺灣與中國」等於是「一邊一國」的說法，是觸犯政治禁忌的。關鍵重點在於：校園裡才十幾二十歲的學生，竟然對細微的表達差異如此敏感，可以想知他們平素教育中所受的政治意識訓練的嚴格程度。還有，我在許多其他活動場合一定也說過「臺灣和中國」，就不曾引來同等嚴重的反應。

他們的校園始終比外面的社會來得保守拘束，其來有自。

11 臺灣史和民國史的分合架構

臺灣校園相對自由的性質，只能從「民國史」的淵源中去求取解釋。不單純是政權存續的因素，「民國」的確沒有在一九四九年滅亡消失，而是將許多歷史成分帶到了臺灣，成為決定臺灣歷史最主要的變數。將「民國史」斷代結束在一九四九年，那麼臺灣史就沒辦法講了。從一九四九年到九〇年代，四、五十年的時間裡，既沒有「中華人民共和國的臺灣史」，也沒有「臺灣本土的臺灣史」，只有「以民國史為重要延續部分的臺灣史」。

「民國史」當然不等於「臺灣史」，然而理解「臺灣史」離不開「民國史」，仍然必須對「民國史」做深入探討來提供所需的堅實基礎。要講清楚

「我們的歷史」，也就是解釋今天臺灣現況的來歷，我們需要一個「臺灣史」和「民國史」的分合系統。

民國成立之前，甲午戰爭後的一八九五年，臺灣已經離開了中國，臺灣史有了外於中國史，先是必須納入日本史諸多因素，後來又在一九一九年之後透過「民族自決」潮流走向世界的階段。再到一九三一年的「滿洲事變」，日本帝國策略經過調整，臺灣成為「南進基地」、「南洋次中心」，那是另一個很不一樣的歷史階段。

「民國史」則是從一九一二年開始，一九二六年南北勢力逆轉消長，北方軍閥開始退場，展開了以國民政府為中心的新時代。接著一九三七年爆發第二次中日戰爭，一直到一九四五年，是另一個階段。

這一段時間，民國史有民國史的分期，臺灣史有臺灣史的分期，以臺灣史是從一八九五年、以中國的民國史是從一九一二年，這一部分的民國史與臺灣史要分開來講，這中間有差異、有互動。然後是雖然只有四年，卻造成了空前大變局的國共內戰時期。

在此之前，「臺灣史」和「民國史」是平行發展，只有極少數的互動交錯。然而從一九四五年之後，互動快速增加，到了一九四九年，原本的兩條平行線合而為一，成為一段奇特卻醒目的「民國在臺灣」的歷史。

必須以這樣的分合架構，才能講清楚、弄明白中國史與臺灣史之間的複雜糾結，而這也是我沒有將《不一樣的中國史》從辛亥革命繼續往下寫的根本原因。我敢不自量力地一個人寫中國通史，卻沒有把握能寫「民國史」，因為只講民國不講臺灣太奇怪了，但用講民國的方式附帶臺灣史，又絕對不符合我對這段歷史的基本認知。

現代臺灣史和民國史都留有龐大的史料，也都還未經過有效的整合。寫中國通史，我可以靠孟森的《明清史講義》來講「明末三大案」，不需要回去讀《明史》或《明通鑑》，仍然感覺心底踏實。但相對地，在民國史範圍內，光是貫串民國與臺灣的一位重要人物——胡適，就留下了幾千萬字的史料，胡頌平的《胡適之先生年譜長編初稿》有三百多萬字，江勇振寫的胡適傳記（《捨我其誰：胡適》四卷）也超過兩百萬字。可是要從歷史角度談胡適，光靠這兩本書為依據，我都還覺得心底不踏實。

每一個歷史關鍵的事件或人物，都尚未有史學上的累積共識，這使得要用通史方式理出容易掌握的脈絡，變得幾乎沒有可能。並不是因為民國史史料太多看不完，而是作為通史基礎的歷史主題整理，到現在還沒有足夠的成績可供運用。

12 政治立場與意識型態的反覆干擾

當然，妨礙主題整理進行的其中一項因素，是政治立場與意識形態的反覆干擾。許多以前看不到的史料——如《蔣介石日記》、《蔣經國日記》——現在出土可以看到了，許多以前的禁忌——如「二二八」——現在已經被徹底打消了；然而面對史料，仍然存留了太多刻板印象，嚴重阻礙比較客觀的陳述。

寫《不一樣的中國史》寫到辛亥革命，其中最接近「民國史」的，是關於孫中山的描述及討論。

我在美國留學時上中國近代史的課，講到了孫中山，教授開場第一句話就說：「Oh, that rascal!（那個惡棍，或那個壞蛋）」。說這話的，是系裡很嚴謹的教授，可不是課堂上喜歡語出驚人、愛現愛表演的那種人。也就是說，這樣的評斷是他認真從史料閱讀中形成的，而且他認為適合用來總結孫中山的歷史角色。

對他來說，孫中山之所以惡棍、壞蛋，很重要的一項因素來自於他永遠說得比做得多。革命過程中，他藉由說得天花亂墜將自己在海外刻畫成頭號革命領袖，而在共和國成立後，經由陰差陽錯的安排，竟然又被國民黨哄抬成「國父」，將推翻滿清的功勞都堆到他頭上。對於這樣一位嚴謹的史學研究者來說，是可忍孰不可忍，孫中山的名聲、地位，和史料顯現的實在差距太大了。

辛亥革命爆發時孫中山不在中國，他絕對沒有策畫這場革命，甚至發動革命的主要成員也跟他沒有直接關係。若是將後來整理的「十次革命」攤開來，每次革命行動時孫中山在哪裡、他到底做了哪些事，其實史料都還在，還可以追查得清清楚楚，但問題在於，出現在很多西方書籍中的這些說法，在臺灣和在大陸就是說不通。每次說，不管說得如何言之鑿鑿，都只會引來一堆人強烈反對，替「國父」或「革命先行者」辯護。

這就是「民國史」難講的地方。不是說沒有史料，也不是說還有多嚴格的政治管制阻止我們客觀地依照史料去講述歷史，而是太強烈、根深柢固的刻板印象，使得許多會對這段歷史有興趣的人，反而最不願意接受史實所呈現的。他們往往只想在「民國史」中去探問自己心裡已經有立場、有答案的問題，尋找一些誇張的戲劇性說法。迎合這些人的「獵奇」心態，又使得這個領域中充滿了許多最不符合史學研究方法、隨便說隨便寫的文章或書籍。

在《不一樣的中國史》的〈前言〉最後一段，我說：「將近兩百萬字的篇幅，涵蓋從新石器時代到辛亥革命的時間範圍，這樣一套書，一定不可避免地含夾了許多錯誤，我只能期望能夠將單純知識事實上的『硬傷』降到最低……」而我幸運地得到了遠流出版副總編輯的協助，真的幫我減少了許多書稿中的「硬傷」。

每次書稿排印出來，她會先仔細通讀一次，一面校對、一面將書稿中她認為有疑義的地方圈出來，常常還去查原始史料，讓我知道她提出質疑的根據。所以我收到的排印稿，每一冊都貼滿了標示需要多做考慮的立可貼，每解決一個問題就拿掉一條立可貼，必須將所有的紙條都撕走，稿子變得乾淨清爽，才能送廠印刷。

絕大部分時候，可能有百分之九十，她查過之後給我的意見都比我原來寫的正確或有道理。基本上只有一個地方，我沒有接受她的修改建議。那是有些關於孫中山評價的描述，她多次提醒我的用語是否太過強烈，或應該提供比較明確的史料或史著來源。我鄭重反覆考量，自己來回拉鋸，最終大部分的段落我都維持原稿寫法。

這是述說「民國史」最大的障礙，我們過去的教育中給予了太明確又太強烈的刻板印象，很難擺脫。

13 「民國史」格外簡化的硬框架

余英時先生曾經提示他心目中史家不容逃避的責任，那就是：當發現別人對歷史有誤解時，有責任指出錯誤；另外，要盡量讓大家能夠在歷史中看到原本沒有看到的。

以此為標準的話，那麼對於從「革命史」到「民國史」，史家有待必須盡到的責任實在太多、太沉重了。因為一般人印象中的歷史只呈現了很有限的狹隘內容，而且往往還充滿了經不起史料考驗的種種錯誤。

講完中國通史後，我曾經講過「中國革命史」，用三十堂課的時間處理從一八九五年到大約一九一五年這二十年間的歷史，講述的內容如果整理成文字，應該會有三本書的分量。這種相對繁複的講法，不只是為了應對這段時間中快速變化的現象，也是為了能夠對一般刻板印象的錯誤予以糾正，並且擴張主流革命敘述之外更多、更豐富的歷史圖像。

「民國史」包含更多這種需要從史料對照去指出錯誤並大幅補充的史學工作。例如，關於抗日戰爭時期的南京「偽政權」，史料其實都在，像是汪精衛留下的大量文章，甚至他寫的詩都彙集出版了，余英時還為汪精衛的詩集（《雙照樓詩詞藁》）寫了一篇很精彩、兼具考證與文學鑑賞觀點的序；抗戰勝利後，陳公博、周佛海受審的記錄完整都在，逃亡到日本的胡蘭成對這段歷史的說法也都完整保留著。

換句話說，這些資料足可以提供關於當年他們和日本人合作，從動機到執行的種種史實重現，鋪陳出一幅複雜多層次、充滿曖昧矛盾的，從人性到群體到權力到國族的圖像。那是「民國史」中的大事，更是承先啟後的「民國」關鍵。然而一直到現在，講到這一段，我們慣常能用的觀念仍然是「漢奸」，很多人在意要問的，仍然只有：「汪精衛到底是不是漢奸？」「胡蘭成是不是漢奸？」（往往同時伴隨一個同等簡單得粗暴的問題：「所以張愛玲到底有沒有嫁給漢奸？」）……，而且相信這些問題會有「是」或「不是」的簡單答案，他們也只想得到那樣的簡單答案。

「漢奸」沒有、也不會有簡單的評判標準。已經公開的史料歷歷顯示，遷都重慶之後，蔣介石的國民政府和日本之間的聯絡管道從來沒有因為戰爭而徹底斷絕，雙方持續討論著如何終止戰爭。也就是說，蔣介石的態度是一邊打一邊求和，不可能只有對外「抗戰到底」的單方面姿態。歷史最後的結果是中國抗戰到底，那其實只是諸多可能的其中一個，是受到各方——包括美國太平洋戰局等——重大因素牽制而造成的。

重慶和東京之間的停戰協商，也包括了藉由讓蔣介石和汪精衛重新在國民黨名義下合作，如何替蔣介石保留面子，表示不是對日本屈服與妥協。如果是那樣，汪精衛仍然還是我們認定的「漢奸」嗎？蔣介石也要因為接受停戰同樣變成「漢奸」？

歷史事實極其複雜，但被講述成「民國史」時受到了格外簡化，那種簡化的觀念與簡化的敘述，因為是透過政權官方立場形成的，又經由制式教育系統灌輸給一般人，於是就特別難以打破。

但是，不打破這些簡化得離譜的框架，無從訴說複雜的「民國史」真相；或者應該倒過來說：要講述「民國史」，就必須費心費力從如何盡量打破這些硬框架開始著手。

之二

「中華民國興亡史？」

01「民國史」的斷代主張

關於「民國史」，我有一個基本的斷代主張，提供大家參考。一九一二年建立「民國」到一九一九年是第一段。那是共和國的摸索混亂期，「民國」只是個新瓶，裡面裝的卻大多是舊酒，甚至還會有連新瓶都要想辦法丟掉的「洪憲復辟」。

一九一九年接連有「巴黎和會」和「五四運動」，北洋政府被邊緣化，相對南方勢力崛起，尤其是和蘇聯國際共產主義運動連絡上，「國民黨」成為這段時期取代北洋軍閥的中國核心勢力。國民黨所依恃的，充分顯示在它的英文名稱 Nationalist 上，那是「民族主義者」，他們趁著「民族自決」的世界性潮流，作為全球性民族運動的一環，在中國取得了愈來愈高的地位。

這段時期另一項世界性潮流，是共產主義運動。傳統上俄羅斯與日本關係緊張，中國的北洋政府又長期倒向日本，就使得共產革命成功後的俄國轉而支持孫中山領導的南方政府，於是共產主義和民族主義在這段時間中短暫合流，產生了傳統過時的軍閥勢力絕對抵擋不住的巨大「北伐」力量。不過到了一九二七年，國民黨和共產黨終究還是分裂了。

如此進入從一九二七年到一九三七年的第三段。這段主要的歷史動力，在於蔣介石帶領著國民黨試圖收拾中國的分裂，舊軍閥殘餘和新共產黨割據是他文武並進所要對付的主要對象，國民黨在這過程中確實鞏固了從清末以來最強大的政治統治局面。然而蔣介石有能力、有資源對付國內的對手，卻同時只能坐視日本在東北到華北野心勃勃的發展，終於一九三六年發生了「西安事變」，使得「日本因素」超越了「統一因素」，形成下一階段歷史變化的主要推動力量。

一九三七年到一九四五年，是毫無懸念的第四段「抗戰期」。這段時間最值得注意的，是中國總算真正進入世界列國秩序中，得到了承認，並且嘗試著卡出一個適當的位子。

幾年前，中國大陸影視圈有所謂「抗戰熱」，趕拍、搶拍抗戰戲而鬧了一些經典的笑話。像是如此無腦的臺詞：「日本人太可惡了，我爺爺才九歲就被他們殺了！」還有流傳更廣的：「各位同胞們，八年抗戰只剩下最後兩年了，大家要堅持到底啊！」

會鬧後面這個笑話，部分源自「八年抗戰」已經是固定套語的習慣。不過從一個角度看，中共新的官方意識形態為了加強對日本的敵意，主張「十四年抗戰」的新說法，將中日戰爭的衝突推前到從一九三一年的「九一八事變」開始，清楚顯示了「八年」真的不是、不應該是定論。

換另一個角度看，這八年的中國歷史，應該以一九四一年為分界線劃開來。前四年，中國艱苦地獨立作戰，是單純的「中日戰爭」局勢；但後四年，戰局擴大為「太平洋戰爭」，中國不只和美國並肩作戰，得到了美國的有效奧援，進而在羅斯福總統的布局下，一步一步升高了在世界上的能見度與重要性。一直到一九四五年戰爭結束時，中國躋身成為世界「四強」或「五大」之一，這當然是完全不一樣的歷史狀況。

不過高峰期的榮況沒有辦法維持，顯示為曇花一現的轉折點，「民國史」快速轉入從一九四五年到四九年的第五段，這一段的史事最主要的當然就是「國共內戰」。到一九四九年十月，中華人民共和國成立，在大陸的「民國史」戛然斷絕了。

前後不到四十年，卻細分為五段，在歷史敘述上不只有其合理性，甚至有其必要性。因為這段時期，從政治與軍事角度看，大事件、大動盪頻仍發生，並且連帶著在經濟、社會、文化、學術、思想各方面也都以空前未見的高速度在變化著。那是一段又一段的濃稠時刻，時間似乎被壓縮了，很短的時間內就能發生很多事，產生很多根本的變化。

最近出版的《瘂弦回憶錄》可以提供很好的例證。瘂弦（王慶麟）一九三二年出生於河南鄉下，《回憶錄》中對他小時候成長的環境有很生動的描述，那裡沒有電，沒有自來水，也沒有明確的城市印象，民國建立快二十年，他們的生活和清朝、和幾百年的傳統狀況幾乎沒有什麼兩樣。長到十幾歲，念中學時，因為國共內戰隨著學校流亡，再以流亡學生身分參加青年軍，輾轉來到臺灣。

閱讀《瘂弦回憶錄》之前，我對瘂弦的幼年、少年時期完全不了解，不過我卻早就熟讀他二十多歲的詩作，以及五〇年代參與創辦《創世紀》詩刊前後所寫的文章，尤其是那篇曾經傳誦一時的〈詩人手札〉。兩相對照，帶來了極大的震撼感。

〈詩人手札〉中談的都是來自西方的詩學觀念，主要承襲「超現實主義」，有理有節地交代了現代詩人的身分與意識、詩的美學信念，以及生活與詩的曖昧、衝突關係。一個來自河南南陽鄉下，完全和現代城市經驗遠遠隔絕的生命，竟然在那麼短的時間內取得了「詩之魂靈」，像是從歐洲巴黎來的，移居到了臺灣的孤獨、易感的魂靈。給予瘂弦神奇又感性附體經驗的，就是「民國」的特殊氛圍，那既是他們真實的體驗，也是構成「民國史」的部分元素。

02 鄭學稼的《中共興亡史》

鄭學稼曾經寫過一部書，書名是《中共興亡史》，一九七〇年在臺灣出版。中國共產黨成立於一九二一年，一九四九年取得政權建立了中華人民共和國，到一九七〇年，中共才剛慶祝了建國二十年，接著準備要迎接建黨五十年的大日子，卻在這時候，有一本關於中共的歷史，講的是他們的興與亡？

鄭學稼當然有理由希望中共早早滅亡，但他將書名取為「興亡史」，卻並不是純粹出於這種主觀期待或詛咒。要了解他所說的「興亡」，先要知道他早年曾經參加過中國共產黨，屬於黨內的「托派」，堅持「不斷革命論」，而且信奉共產主義的普世國際革命性質，以及認定共產主義革命必然是以工人作為主體的。然而這三點信念原則，先是在俄羅斯，後來在中國，都被共產黨放棄、推翻了，史達林甚至明白地發動對於托洛茨基和「托派」分子的嚴厲批鬥。

鄭學稼也因為屬於「托派」，在中共內部連帶地成為少數、異類，終究離開了中國共產黨。到臺灣之後，他仍然抱持著原本的「托派」立場，以「托派」的史觀寫成了《中共興亡史》。

依照這本書的說法，中共之興開始於一九二一年，但到了一九三五年，中共就亡了。標誌中共之亡，主要是這一年在貴州舉行的「遵義會議」。那時候中共從江西突破第五次「剿共」的包圍，展開後來美名曰「兩萬五千里長征」的大流竄，途中到了貴州遵義，在一場關鍵會議上，毛澤東取得了黨與軍的雙重領導權，確立了對於中共的全面掌管。

於是對鄭學稼來說，從這一天開始，原來由陳獨秀、李大釗他們在蘇聯「共產國際」指導下成立、作為國際共產革命運動一部分的中國共產黨滅亡了。毛澤東排除了蘇聯顧問，驅趕了原先策動城市暴動進行革命的「王明路線」主要幹部，轉以他的「土改」、「鄉村包圍城市」來建構革命策略。如此，共產黨只剩下了名義、招牌，實質上變成了「毛黨」，是毛澤東的黨，不再是「中國共產黨」。

這是一個雖極端卻具有高度啟發性的例證，顯示了在看待歷史時，問什麼樣的問題，運用什麼樣的架構，就會得到很不一樣的圖像與答案。歷史沒有一副固定面貌，從不同角度會看到不同特性，不可能不理會、不弄清楚到底從哪個方向、用什麼標準來評斷史料和史實，就能端出確定的、自以為唯一的歷史說法。

「民國史」當然也是如此。很簡單卻必然分歧的角度是：「中華民國」亡了嗎？

以中國大陸的官方立場，認定一九四九年「民國」就結束了，那麼訴說「民國史」必然聚焦在兩頭重點上——「民國」何以興，「民國」又何以亡？

由接替「民國」的共產黨政權來講這段歷史，那麼後者，即「民國」淪喪滅亡的經過，當然更是重點中的重點。而偏偏這段中共「民國史」的重點，是我們在臺灣受教育的人最難接觸到，也最感陌生的。

03「政治協商會議」破局後

要訴說「中華民國興亡史」，一定會著重從一九四五年到四九年，短短四年間的戲劇性變化。一九四五年八月日本無條件投降，抗戰終於得到勝利，蔣介石和國民政府的聲望地位被抬到了空前的最高點。蔣介石既是這場八年抗戰的領導人，更在戰後成為「世界四強」之一的統治者。戰後立即成立的聯合國所提出的國際新秩序中，處於最核心的是安理會常任理事國，總共只有五個國家得到這樣的特殊身分，中國也在五國之列，擁有了對於未來國際事務的超級發言權與影響力。

蔣介石成為世界性的領袖人物，他在國內登高一呼要解決共產黨問題，對在延安的毛澤東發出邀請，毛澤東幾乎別無選擇，只能應邀前往重慶和蔣介石會談。接下來在一九四六年召開「政治協商會議」，共產黨不只參加會議，而且就最關鍵的整頓軍隊問題都做出了重大的讓步。由周恩來代表出席的會議中，最後決定國民黨和共產黨整頓後的軍隊規模為三百萬比一百八十萬，解放軍只有國軍六成的勢力。

中共內部資料顯示，做出這樣的讓步，一來是現實的考量，當時他們的確有誠意要參與政府，和國民黨合作組成聯合政府，所以不願因為軍隊數量問題使得合作破局；二來也是因為蔣介石的國際聲望帶來強大壓力，迫使他們不願對外表現得好像故意讓蔣難堪。

「政治協商會議」剛開完，國民黨緊接著召開「中央全會」，蔣介石以國民黨總裁身分開幕，但是會議正式舉行後，風頭一轉，幾乎每一項決議都違背了「政治協商會議」的結論，等於是國民黨一轉頭就對協商結果都不認帳，粗暴地公開撕毀了各黨各派聯合形成的協議。

對中共來說，那份協議內容已經是退無可退、真正委曲求全的結果，沒想到卻是熱臉貼到了冷屁股上，國民黨竟然沒有當一回事！只能說國民黨被自己的抗戰成功滋味沖昏了頭，黨內一片情勢大好，應該趁勝取得更大權力與更多利益的呼聲一起，許多人準備好要在這波新情勢中卡位爭奪權力與利益，那種囂張態度連蔣介石都制止不了。

中共願意退讓以尋求合作，國民黨卻不要，那沒辦法了，中共轉而鐵了心訴諸於敵對的態度來處理這個局面。現實上，國民黨大概有四百五十萬部隊，中共則是兩百萬出頭，為了鼓舞士氣，毛澤東曾經告訴同志們預計在四十八個月時間內，也就是四年可以打敗國民黨。

那是國共內戰全面開打的一九四七年年底，但接著從一九四八年到四九年初，國、共打了三場大會戰——遼西會戰、平津會戰、徐蚌會戰，三場國民黨都敗了，而且一次敗得比一次慘重，只花了毛澤東原本最樂觀預言的一半時間，國民黨就徹底被打垮了。

04 孔宋家族：左右蔣氏政權成敗的聯盟者

「國共內戰」中呈現的，不只是國民黨軍事上的失敗。共產黨的勝利竟然會來得比毛澤東的樂觀內部喊話所預期的還要快得多，那是因為他們的對手在政治、經濟、社會各方面的連環大潰爛。戰局的升降變化，事實上和共產黨做了什麼沒有那麼密切的關係，也和國共兩邊的官方版本有很大的差距。

共產黨當然強調自己有卓越的領導，有傑出的軍事將領，還有堅強的民意支持；國民黨則強調東北接收、蘇聯介入、美國居間調停等外部因素，使得蔣介石與他帶領的國軍施展不開，才導致節節敗退。然而認真探討「興亡史」，我們會發現這些說法都不足以解釋中華民國在大陸瓦解的速度。

從蘇聯的資料已經明確看得出來，史達林一方面從來沒有信任過要走自己獨立路線的毛澤東，另一方面又因第二次世界大戰的經驗，而和蔣介石有一定的交情。二戰結束時毛澤東訪問莫斯科，史達林都還並未同意他和國民黨抗爭的想法。在兩人之間，史達林毋寧更親近蔣介石。

另外，美國的外交史料也充分顯示了，馬歇爾絕對沒有那麼天真，他並沒有被中共牽著走，更沒有都站在中共那邊，製造毛澤東可以藉著停停打打來壯大勢力的機會。

國民黨的瓦解不完全是共產黨造成的，更絕對不是任何外部因素所能解釋的。反而應該倒過來看吧，因為內部的嚴重腐化作用，才使得大批國軍部隊在接戰之初、甚至接戰之前就向中共投降，許多國軍高級軍官接受中共招手，帶著部隊陣前倒戈。

因而對於這歷史性的大潰敗，我們必須往前推，推到蔣介石看似最輝煌的歷史時刻，檢驗一下那個時候他所領導的國民黨究竟長什麼樣子。兩個經常掛在當時中國人口頭上的慣用詞，可以有效地帶領我們進入狀況：一個是「孔宋家族」；一個是「CC派」以及相關的「蔣家天下陳家黨」。

也就是說，蔣介石對於國民黨的領導其實遭到這幾股勢力嚴重分權，他無法跳過這幾股勢力直接掌握國民黨，也無法離開國民黨權力結構來統治中國。「孔宋家族」有很大的影響力，一部分當然來自蔣宋美齡的裙帶關係，不過那只是一部分，甚至不見得是最重要的部分。「孔宋」對於蔣介石來說，絕對不等於傳統中國皇帝制度中的「外戚」。

首先，蔣介石拋棄毛福梅與陳潔如，選擇和宋美齡結婚，是他在黨內進一步獲取權力的關鍵步驟，宋家提供了他成為中國統一領袖一項不可或缺的條件——對美外交關係。大名鼎鼎的「宋家三姊妹」，她們的父親宋查理（原名宋嘉澍）是典型的買辦傳教士，透過教會，和美國建立了非常緊密的合作與共生關係。他的子女都送到美國受教育，和有同樣背景的家庭聯姻，而且像是長子宋子文、女婿孔祥熙，都一方面憑自身努力、一方面靠教會協助，進入哈佛或耶魯名校取得學位。

今天東海大學校園中最有名的建築物，是由陳其寬設計的「路思義教堂」，所紀念的美國在華傳教士路思義（Henry Winters Luce），就是《時代雜誌》創辦人亨利．魯斯（Henry Robinson Luce）的父親。他們在中國的活動和「孔宋家族」密切連結，後來形成了在美「中國遊說團」（China Lobby）的主要勢力。

「中國遊說團」最主要、最成功的遊說對象，是從一九三三年到一九四五年擔任美國總統的羅斯福，因為羅斯福的家族中也有中國淵源。如果沒有「中國遊說團」，沒有羅斯福總統的支持與協助，蔣介石何從取得國際領袖的地位？如果不是靠「孔宋家族」居間運作，蔣介石又何從和美國政界溝通聯絡，遑論爭取認同了！

所以「孔宋家族」並不是依附於蔣介石身上的裙帶勢力，毋寧是足以左右蔣氏政權成敗的聯盟合作者，以宋美齡為中心，這兩邊組成了「合則兩利，分則兩傷」的權力結構。

二戰期間，尤其在爆發太平洋戰爭之後，美國的影響力愈來愈大，「孔宋家族」在國民黨內的地位也就跟著水漲船高。在「史迪威事件」[5]中和史迪威（Joseph W. Stilwell）鬧到那麼僵，蔣介石卻還是不得不對美國人低頭，因為沒有美國的物資與武器援助，沒有美軍在太平洋和東南亞的牽制協同作戰，重慶的中國政府是不可能撐持下去的。於是同時，蔣介石對內也不能不對「孔宋」低頭，因為這些物資和武器都是靠他們對美折衝、談判要來的，蔣介石自身完全沒有處理對美外交的能力。

所以他控制不了「孔宋家族」。

5 一九四一年太平洋戰爭爆發後，美國和中國成為盟友，成立中國戰區，蔣介石為中國戰區統帥，美國總統羅斯福另任命史迪威為「中緬印戰區」美軍司令、中國戰區參謀長。但蔣、史二人在指揮權和戰略方針上出現分歧，緬甸戰役、豫湘桂會戰接連失利，雙方矛盾更深，美國政府與蔣介石反覆磋商甚至攤牌。一九四四年十月，羅斯福最終應蔣介石要求召回史迪威，改派魏德邁（Albert C. Wedemeyer）為中國戰區參謀長。此為「史迪威事件」。

05 CC派：從三個領域包圍黨中央

蔣介石也控制不了由陳果夫、陳立夫兄弟領導的「CC派」。「CC派」在國民黨內不是單純的一股勢力，而是早就開枝散葉，形成了至少從三個領域包圍黨中央的情況。他們掌控的第一個領域是情報，「中統」（全稱為「中國國民黨中央執行委員會調查統計局」）是他們用來蒐集並運作黨內外情報的特務單位。第二個領域是散布在各處的不同等級地方黨部，尤其是省黨部的一級幹部，如果不走陳家路線，得不到中央組織部的認可，是不可能就任的。

還有第三個領域，是陳立夫藉著擔任教育部長時，快速牽引黨政權位的交流分配，一手將各省教育廳都納入影響圈中，發揮和省黨部聯合在地方掌權的綜效。

三個領域加在一起看，「蔣家天下陳家黨」的說法還真不算誇張，陳家真有足可左右黨基層人事，並威嚇上層黨政官員的力量。

對外，尤其對美國的那塊，落在「孔宋家族」手中；黨這塊，又被陳家兄弟拿走了，那蔣介石在權力結構中還剩什麼？——剩下四百多萬人的軍隊，畢竟他是「軍事委員長」，從「北伐」以來一直緊抓著國民政府的軍權。然而即使是軍隊系統，都有不穩定的根本紛亂因素。

抗戰結束時的國軍，主要分成三個大系統，大系統之下又分支出許多小系統。大系統區別為「黃埔嫡系」與「非黃埔系」，而「黃埔嫡系」中最核心的勢力有時又稱為「天子門生」——「天子」指的是最高統帥蔣介石，「門生」表示他們是從黃埔軍校得到機會，直接在軍事上追隨校長蔣介石。

「非黃埔系」最主要是在「北伐」過程中，陸續收編進來的各地軍事勢力，其中大部分是原本割據一方的「軍閥」，或被迫或自願地將軍隊交出來，換取自己在國民黨體系中的相當地位。像是白先勇的父親白崇禧是「桂系」，本來控有在廣西建立的軍隊，後來帶領部隊和蔣介石合作，在「北伐」時被蔣介石任命為「參謀長」，展開了數十年的恩怨關係。

太平洋戰爭期間，美國因素介入，產生了第三個系統，那是由美國資助、配備、訓練的新式部隊，表面上仍然效忠蔣介石，但同時受到美國強烈的軍事影響，在第二次世界大戰中並不完全受蔣介石節制和調度。這系統中最有名、最強大的，是孫立人訓練與掌控的「新一軍」。

三個系統和蔣介石、和國民政府的親疏淵源不等，能夠得到的信任與支持當然也就很不一樣。這樣的軍事體系，和收納在黨的嚴密組織下的中共部隊全然不同，而且很容易判斷孰優孰劣。更致命的，中共開始接收敗降的國軍，也就能夠愈來愈明瞭這種狀況，進而設計、運用各種離間分化的策略。

再簡單不過的方式，就是當嫡系與非嫡系軍隊共同布陣時，去挑撥非嫡系的不安與不平，讓他們感覺到自己承受了較大的壓力，卻得不到蔣介石足夠的重視與援助。而偏偏在分配責任與資源上，從蔣介石自身到其他「天子門生」，確實帶有濃厚偏心傾向，對待嫡系與非嫡系的態度不一，絕不可能公平服人，等於就創造了關係較疏遠的部隊心懷怨恨、轉而倒戈的強烈動機。

共軍見縫插針，而國軍部隊與部隊間到處是縫，造成了內戰中真正在戰場被打敗的國軍部隊少於投降的，真正打了而被動投降的又少於主動倒戈的怪異情況。認真檢視就會發現，真正和共產黨在戰場上決戰的部隊，是極少數的，絕大部分都先顧著保存自我實力，打不過就投降，甚至光是看到態勢不利就先選擇倒戈。投降的、倒戈的被共軍收編，換了制服、換了番號倒過來打國軍。

這樣的國軍怎麼可能打得贏？不只打不贏，而且以誰都預料不到的速度快速潰敗。

06 一人指揮、到處是縫的國軍部隊

戰況惡化的另一項因素，是蔣介石總是堅持自己指揮部隊。他一方面不能信任部署到前線面對共產黨的國軍將領，尤其是非黃埔系的將領，另一方面又過度相信自己的軍事指揮能力。

史料就揭露了「徐蚌會戰」的一項勝敗關鍵。蔣介石一度要求當時在武漢的白崇禧來擔任戰局總指揮，白崇禧也認真考慮了，前往淮海地區進行現場考察。一去卻看到國軍沿著隴海鐵路和津浦鐵路，以徐州為中心布置了一個「死十字」，意思是部隊分散且無法靈活相顧，是難以想像的糟糕布局。而且林彪帶領的共軍快速南下，幾乎已經沒有時間讓如此龐大規模的部隊變化調度了。

於是白崇禧明白開了條件：要蔣介石承諾讓他真正在前線全權指揮，也就是蔣介石不會在後方下令調度，他才願意就任總指揮。蔣介石拒絕了，於是白崇禧也拒絕就任，又退回武漢去了。

白崇禧的要求當然有道理，不過白崇禧看不到的是，蔣介石幾乎別無選擇，不可能接受他的條件。因為這些帶部隊的將領長期以來都是服從他個人，而不是從制度上服從他的職務。「委員長」只能有一個「蔣委員長」，不可能換上任何人來統帥軍隊。蔣介石並未建立層層節制的軍事授權機制，他也絕對不信任軍事上的授權，於是任何調度都必須確認來自蔣本人，就算他答應白崇禧不干預也做不到，少了他的直接指令，前線將領怎麼可能聽從白崇禧？

那是惡性循環。蔣介石愈是不信任將領，愈需要自己直接動員指揮；他愈是自己指揮，愈不可能授權；將領也就愈不可能在前線決策，愈是仰賴蔣在後面的調度。他沒有真正的軍事組織可以運用，更不可能有黨或政方面可以影響、節制軍隊的組織。

這和共產黨形成了最強烈的對比。毛澤東的長處在於抓組織，他又將全副的心力、精神一直都放在抓組織上。在延安的那幾年，毛澤東發動了幾次重大整肅，就是要確認在黨的領導下，絕對沒有雜音，沒有人會挑戰他的領導、敢於違背他所訂定的黨的路線。黨高於軍，黨可以領導軍，而黨又緊緊抓在毛澤東的手中。

雖然內戰的兩邊看起來主角都是「黨」，但關鍵事實是此黨非彼黨，兩個黨的組織性質與組織強度完全不同，到了簡直無法比較的地步。而沒有黨、只能個人指揮戰局的蔣介石，卻還在政治方面犯下了雪上加霜的重重錯誤。

07 制憲國民大會到副總統選舉的受挫

軍事上節節敗退，迫使蔣介石病急亂投醫，一度將希望寄託於美國的支持和援助上，冀望重演抗戰時反敗為勝的劇情。為了向美國爭取更多的奧援，蔣介石在兵荒馬亂之際，召開了象徵民主進步的「制憲國民大會」。

召開這個會議，給了共產黨一個報復表態的機會，他們義正詞嚴地以之前國民黨撕毀「政治協商會議」的結論為由，不只拒絕參加「制憲大會」，而且將這次會議稱為「一黨制憲」，一下子就戳破了國民黨擺出來的表面「民主」外表。

「一黨制憲」已經夠糟糕，一下子失去了許多民心，接下來從選舉國民大會代表到國大會議召開進行，一連串光怪陸離的荒唐現象，成為報章雜誌爭相報導的對象，更讓國民黨的威信直墜谷底。

一九四六年，大戰才剛結束的第二年，邱吉爾訪問美國，選擇在當時美國總統杜魯門的家鄉發表了歷史性的演說，其中就說：「那張橫亙歐洲大陸的鐵幕正在緩緩落下……」用「鐵幕」來形容蘇聯共產黨的威脅，從此開啟了全球性「冷戰」對立的局面。

美國對上了蘇聯，民主自由對上了社會主義威權，這是一場意識形態尖銳對立的可怕爭鬥，以全世界為角力的範圍，蔣介石必須將中國內戰的衝突改寫成民主自由陣線試圖阻擋共產主義進一步擴張勢力的故事，來爭取美國更多的援助。

「制憲大會」已經展現出中國要轉變成「憲法國家」的民主前景，戰事節節敗退反而讓國民黨更沒有籌碼可以不實現這個承諾，只好接連推進「行憲」並依照「憲法」選舉總統，等於在已經夠動盪、夠不安的情勢下，創造出更多讓社會動盪、讓自身陣營不安的政治因素。

製造動盪不安的因素中，包括了美國大使館與情報人員。美國大使司徒雷登（John Leighton Stuart）雖然不是中國人，卻是這段民國史的重要歷史人物，他積極介入在總統大選時推動改造中國局勢最主要的策略——推舉胡適選總統，將蔣介石換下來。這個計畫因為胡適最終拒絕出馬而失敗，但司徒雷登還有備案：如果阻擋不了蔣介石當選總統，那就支持李宗仁當副總統，至少對蔣產生制衡作用，同時確保未來政府親美的一貫態度。

依照當時的憲法，總統和副總統是分別選舉的。在蔣介石的安排下，他支持的人選是孫科，孫科是孫中山的兒子，象徵國民黨「正統」卻又不會對權力布局有什麼實質影響。然而第一次開放選舉，刺激了許多人覺得自己也有機會，便紛紛跳下來運作一團混亂的國民大會，於是情況失控，副總統選舉竟有六位候選人，前後一共經過了四次投票。到第四次投票，剩下李宗仁和孫科對決，兩人票數相差有限，於是爭取的焦點落到了白崇禧身上。

白崇禧是當時中國的回教徒領袖，一方面是蔣介石高度仰賴的軍事將領，一方面是李宗仁的廣西同鄉。幾經考慮，白崇禧最後將他能夠影響的西北回教代表選票，給了一起從廣西出來打天下的李宗仁，讓李宗仁得到最終勝利。

關於這場選舉，後來蔣介石對三個人深懷憤恨：胡適、李宗仁和白崇禧，不過其實他們之所以發揮了讓蔣介石受挫的效果，背後有蔣介石得罪不起的美國人。

08《對華關係白皮書》的落井下石

當大陸淪陷，中華民國不再能在大陸有任何立足之地，不得不徹底反省時，蔣介石的怒氣動到了過去和他關係最密切的「孔宋家族」身上。因為大陸失守過程中壓垮國民黨的最後一項因素，可不是稻草般輕，而是鋼柱般沉重，那是美國國務院在一九四九年八月發表的《對華關係白皮書》，將國民黨的失敗歸結於自身的無能，同時停止軍事援助。

最後時刻應該要爭取的終極盟友，竟然以這種方式對蔣介石和國民政府落井下石，這是對美關係的徹底失敗，而誰該為這份無可挽回的失敗負責？當然是「孔宋家族」！

李宗仁、白崇禧的「桂系」在選舉副總統時獲得意外勝利，使得他們進一步想靠架空蔣介石來處理內戰危機局勢，於是在一九四八年年底，白崇禧連續發表兩通致蔣的公開電文，要求國民政府應審時度勢，盡快和共產黨進行停戰和談。

而在當時情勢下再清楚不過，這也就是要求讓共產黨和毛澤東最為痛恨的敵人蔣介石下臺，換取國共和談的有利條件。

白崇禧的大動作引發了連環效應，蔣介石抵擋不住壓力，在一九四九年一月宣布下野，同時轉而將精神與心力集中在兩件事上：先是充滿報復心情地在黨內展開大扯後腿的操作，要讓「代總統」李宗仁完全運作不了政府，也指揮不動軍隊；接著他開始認真安排以臺灣為最後的退路。

蔣、李嚴重內鬨，只會幫助共產黨更順利南下。一九四九年共軍大舉渡江，拒絕國民黨「隔江分治」的主張，很快攻佔了南京和上海，國民政府的政治與經濟中心都淪陷了。不到半年後，以中共成功建國的事件對照來看，原本存在的「中華民國」滅亡了，「民國史」到此結束。

然而麻煩之處，就在於蔣介石被逼下野後，反而有時間安排了人類歷史上即使不是空前、也必定在規模上難得一見的大撤退。一百多萬人從大陸遷徙來臺，其根本性質當然離不開逃難，但我們不要忽略了一項重要事實，那就是之所以有數量這麼多的人在這麼短的時間內來到臺灣，主要因為他們絕大多數都是在有番號或單位的情況下遷過來的。

他們並不是個別倉皇找路來的，而是依隨部隊或政府部門的集體運輸管道渡過臺灣海峽。換句話說，「中華民國」的政府與軍事組織並沒有完全潰散，下野之後的蔣介石有足夠時間和資源可以安排他的臺灣退路。再換另一個聽來弔詭的說法，在內戰的最後幾個月時間，對抗中共無能的國民黨卻很有效能地安排了大撤退，於是在臺灣保存、延續了「中華民國」。

沒辦法，歷史敘述必須處理這塊保存、延續了的「中華民國」，不能採用中共官方那種「中華民國興亡史」的架構和講法。

09 蔣介石下野後的所思所行與高效大撤退

依照「中華民國興亡史」的說法，重點必定放在四年間國民黨快速淪落、自取敗亡的戲劇性情節，像是一下子從人間墜入地獄，一下子由活力旺盛變成死亡沉寂。問題在於，戲劇性的過程是事實，史料歷歷在目，但敗亡的結局卻絕對不是。

從「興亡史」認定「民國」已經結束的觀點，就看不到一九四九年共軍到處打勝仗之際，另外在發生的事。

蔣介石下野之後，一度回到故鄉浙江奉化，還一度居停在船艦上失聯了。在這段時間中，他確定了自己領導的國民黨勢力的下一步，布局準備退守臺灣。下野反而給了他足夠的空間與時間，他無須在幕前負政治與軍事的成敗責任，只須在幕後操控運作以保存自身的實力。他的決心明白地轉為要將最多的資源保留下來，不再投入現實的國共鬥爭中，開始安排「轉進」到臺灣。

在此之前，蔣介石先安排了孫立人到臺灣鳳山練兵，本來是為了握有較為精良的部隊可以投入大陸戰場上，但蔣介石下野之後，孫立人的任務實質大轉彎，負責管理運用現有的資源，接待陸續從大陸撤退到臺灣的部隊。蔣介石又安排了原本在大陸戰場上重用倚賴的陳誠轉任臺灣省主席，確切執行整頓臺灣的任務。

蔣介石有足夠時間搬運黃金，有足夠時間搬運故宮國寶，然後將仍然控制在他手中的國軍艦艇抽調到臺灣海峽，開始依照軍隊番號和政府單位，將大批的人員遷到臺灣。再下來，他有足夠時間訂定從大陸到臺灣的黨的策略，亂局給了他充分選擇讓誰來、不讓誰來的掌控權，他不要「孔宋」、不要「陳家」，卻要一些具備「法統」意義的學者、文人，要國民黨內真正效忠於他、而不是和他爭權分權的人。

經過這大半年的準備和安排，所以還可以有一百多萬人隨政府、國軍南渡，這些人和同時間去到香港或其他地方的人最不同之處，就是前面提到的，他們隸屬於部隊番號或政府單位，是在集體安排下遷徙的。他們不像去香港或其他地方的人可以仰賴自身的積蓄資產，他們普遍更窮、更貧乏些，也就更需要依靠蔣介石與國民黨。如此，中華民國不只是名義上，而是實質上在臺灣保留了下來。

一到臺灣，蔣介石就組織了國民黨的「中央改造委員會」。後來的《自由中國》雜誌中，像殷海光、周德偉這些少壯派，受到也被指派加入「中央改造委員會」的雷震影響，對這個單位評價很低，提出過許多批判。不過，從比較大的歷史眼光持平而論，「中央改造委員會」絕對是國民黨存在一百多年內，最具備真正「改造」誠意與能量的一次運動。

因為「改造」既是由下而上，必須處理一百多萬人的基本生計，勢在必行；又是由上而下，面對失去大陸太痛、太徹底的失敗，蔣介石的政治生涯懸於一線，有著最強的動機與決心，同樣勢在必行。

這就是「興亡史」看不到，但從「民國史」角度再重要不過的故事。故事的主軸是：國民黨應該消失卻沒有消失，中華民國應該滅亡卻沒有滅亡，為什麼？這事實不容否定、推翻，而對於事實的解釋存在於蔣介石下野後的所思所行，在於如何設計、執行集體的遷徙大行動，在於「中央改造委員會」如何翻新國民黨，讓這個政權倉皇搬到臺灣後能夠在最短時間內站穩腳步。

10 二二八為流亡政府站穩臺灣的作用

蔣介石在制憲後首次選舉總統的過程中，清楚感受到由美國大使司徒雷登那裡傳達而來的疏離、甚至敵意。美國當然還是反共，當然還是站在要盡量阻止共產黨在中國坐大的立場，然而兩項關鍵因素，卻使得蔣介石不再能夠從美國的立場中得到助力。

第一是美國社會普遍認定毛澤東和中共是「土地改革者」，也就是雖以「共產黨」為名，卻不是真正的、像蘇聯那樣有世界性階級革命野心的共產主義者。毛澤東與中共之所以崛起，是中國農民實在太窮、太苦，而中國的確需要這樣的改造。原先在美「中國遊說團」中，有一位影響力很大的積極成員，就是出身傳教士家庭，從小在中國長大的美國小說家，諾貝爾文學獎得主賽珍珠（Pearl Sydenstricker Buck），她寫的《大地》（*The Good Earth*）三部曲既叫好又叫座，在美國人心中塑造了善良的中國農民形象，此時卻反而鋪設了讓美國社會同情毛共的基礎。

第二是以司徒雷登為首的美國國務院職業外交官們對於中國局勢有了新的看法，他們仍然重視國民黨的角色，卻愈來愈不信任蔣介石，認為應該拉住國民黨但排除蔣介石，因而想要努力扶持國民黨內更適合的領袖人物，並著手削弱蔣介石對國民黨的控制。

這樣的變化發展不只讓蔣介石心寒，更重要的，讓他對「孔宋家族」大感不滿。長期以來，對美的外交與宣傳都由「孔宋家族」負責，為此蔣介石將許多內外權力與利益交付給他們，每當他們有所要求時，總是信誓日日美國國務院與國會是他們的囊中之物，結果卻是關鍵時刻在外交和社會宣傳上雙重失利，蔣故而決心和他們保持距離。

換另一邊看，大陸淪陷這麼大的打擊之後，身家資源充裕的「孔宋家族」，他們會想跟隨蔣介石敗逃到臺灣去嗎？至少當下他們的現實選擇是先移居到美國再說，只有蔣宋美齡還留在蔣介石身邊。「孔宋家族」在國民黨內的勢力煙消雲散，從此之後，只剩下「孔二小姐」孔令偉以個人身分和親戚關係，維持在美幫忙處理國會遊說事務。

搬遷到臺灣發揮的最大作用，是創造了諸多變數，讓才剛建國的中共無法有把握一一應付。在軍事上，創造了比渡江還要難上幾倍的渡海挑戰，從來沒有建立過自身海軍，主要靠國民黨投降部隊才得以擁有艦艇的共產黨，不可能那麼快就克服這個天然障礙。才從廈門前進金門，共軍就在古寧頭受到重挫，明白顯示了戰局的斷裂變化，解放軍不可能延續在大陸的戰法，也很難複製勢如破竹般「追窮寇」的打法。

預先搬到臺灣的黃金，發揮了一時的作用，讓臺灣沒有立刻出現貨幣瓦解、經濟失序的情況。不過黃金的作用是短期的，也是心理的。以當時臺灣的經濟規模，一時間湧入的龐大移民所需耗費，即使有那些黃金，仍不足以支撐穩定貨幣所需的準備。幸好，不到一年的時間內就爆發了韓戰，美國態度丕變，快速提供了大批的軍事與民生物資援助，這才是臺灣的金融財政得以穩定下來的實質力量。

國民黨能夠在臺灣站穩腳步，還有一個不預期的歷史事件，發揮了再重要不過的作用，那就是一九四七年發生的「二二八事件」。當時的國民黨當然不可能預見將來要敗逃到臺灣，然而「二二八事件」對臺灣地方菁英的殘酷屠殺與迫害，卻極為有效地替後來的流亡政府掃除了障礙。

我的外祖父許錫謙是「二二八」的受難者，他是花蓮許家唯一的男性傳人，接掌了家中龐大的事業，卻在三十二歲那年罹難身亡。後面必然發生的是家道中落，我外曾祖母勉強持家，沒有什麼別的辦法，主要就靠變賣土地，讓一共九個女兒發展成家，其中還有去日本進修學時裝的。

如此大概可以理解許家在花蓮是什麼樣的大地主了。「二二八事件」後續的「清鄉運動」中，受害的基本上都是像許錫謙這樣的地主菁英，他們死的死、逃的逃，沒死沒逃的也都被嚇破了膽。

於是一九四九年政府遷臺，必須要安置一百多萬隨之移居過來的人口，要有足夠的糧食供應，立刻且直接碰觸到和地主階級爭奪土地生產利益的問題。才剛敗逃到臺灣，竟然就開始推動「土地改革」，這是國民黨不得不做的選擇，但奇特的是，「土地改革」的種種措施竟然成功收效，硬是從農村土地上擠榨出迫切需要的農產收成。

那當然主要是從原本地主的利益中擠榨出來的。老臺灣人每每講起這段往事，總是咬牙切齒，從「四萬換一塊」到「耕者有其田」，土地換來沒有價值的股票，埋下了他們對國民黨根深柢固的仇恨。不過從歷史的角度看，最特別的是，為什麼當時臺灣的地主沒有抵抗，為什麼沒有形成任何有組織的團體來反對國民黨的政策侵害？

因為對「二二八事件」的悲劇慘狀記憶猶新，誰也不敢出面帶頭。完全沒有菁英領袖，地主階級遇到和他們利益相左的外來政權，變得軟弱無力，只能當下看著既有利益被奪走，空留長期的遺憾與憤恨。

11 冷戰新局，國共內戰沒有結束

真正決定性解救了蔣介石與在臺灣的「中華民國」，是一九五〇年六月爆發的韓戰。美國被迫必須因應冷戰新局勢而調整政策，在太平洋西岸建構起一道阻止共產主義蔓延的防線，從南韓、日本、琉球到菲律賓的這條防線，不可能少掉臺灣。在前一年八月，已經被美國正式以《對華關係白皮書》宣告放棄的民國政府，此時因為選擇退到臺灣，藉由臺灣的戰略地理位置，重新成為美國的重要盟友，美國無論如何必須保障臺灣不被「赤化」。

美國顧慮的，只是臺灣保留在冷戰陣營的這一邊，然而實質製造出來的歷史成果，卻是延長了原本看起來勝負已定、即將終結落幕的「國共內戰」。內戰沒有結束，「中華民國」也就沒有消失，「興亡史」的說法也就被打破了。

從此之後，「民國史」進入完全不一樣的新階段，不只接上了原本疏離、平行的日本殖民史，要在日本五十年殖民所創造的條件上統治臺灣、保衛臺灣，而且還脫離了「民國」之前的地理範圍，被納入到更廣大的冷戰全球結構中。「民國」政治、經濟、社會、文化變化發展的動因，在此之後，都至少必須遠溯到美國，形成了和美國高度連鎖呼應的局面。

光是從臺灣、「民國」本身，無法有效、遑論完整講述這段「民國維持史」，「民國」能夠維持下來，靠的是臺灣以外的力量與因素。光是從臺灣、「民國」本身，甚至無法解釋這段時期最關鍵的政治與軍事變化。例如先有「吳國楨案」，繼而有「郭廷亮匪諜案」和「孫立人案」，吳國楨是臺灣省省主席，孫立人是陸軍總司令、總統府參軍長，怎麼會翻臉變成蔣介石必欲除之而後快的死敵？關鍵在於美國，在於他們和美國的關係，在於蔣介石眼中認定他們所代表的美國利益或威脅。

同樣的，必須將美國因素納入考慮，才能理解《自由中國》與「雷震案」。前面提過，發生「雷震案」、關閉《自由中國》雜誌，胡適回到臺灣面見蔣介石時發了一頓脾氣，對蔣介石說了一些重話。蔣介石沒辦法發作，一來礙於他對胡適在知識文化地位產生的自卑感，二來也因為他不能挑戰胡適所描述的美國狀況。胡適說的是事實，發生這樣的事，美國民間和政界一定會刺激出對於號稱「自由中國」的臺灣政權與蔣介石的高度反感。

不過換個角度看，《自由中國》得罪蔣介石其來有自。一九五六年十月的「祝壽專號」中以胡適為首，明白提出請「蔣總統」高齡退休頤養天年；到國民大會召開前反對蔣介石競選第三任總統；接著又倡議要組「反對黨」。不只批評國民黨政權、批評蔣經國與「青年反共救國團」，更直接挑戰蔣介石的領導合法性。

如此不斷升高和蔣介石政權間的衝突，反而是蔣遲遲沒有下手處理，才比較令人意外吧！忍到一九六〇年，蔣介石才以羅織的「劉子英匪諜案」整肅雷震和《自由中國》，而時機點的選擇，又不能只是從臺灣自身條件得到充分解釋。

臺灣內部的關鍵因素，是雷震和李萬居等公開聯手參與地方選舉，那就不只是外省和本省政治勢力的聯盟，而且等於宣告了未來反對黨的雛型，是由外省菁英提供理論，本省政界人士提供選票基礎，將對國民黨帶來極大的威脅。

正好此時，美國陷入激烈的總統大選動員中，民主黨的甘迺迪來勢洶洶挑戰已經執政八年的共和黨提名的尼克森，而無論這兩人誰會當選總統，都代表著艾森豪時代結束了，也宣告著二戰世代在美國政壇淡出。國民黨選擇這個時機，即美國政權動盪、世代交替，必然無暇東顧之時，明知確實會造成胡適所說的美國社會負面效應，但蔣介石和國民黨還是硬幹了。因為錯過這個時機，就更沒有機會對視為眼中釘的雷震和《自由中國》下手了。

之三

民國故事與民國人物

01 棄守海南、舟山，卻留住了金門

講「中華民國興亡史」重點會放在「國共內戰」上，但如果講的是「中華民國」在臺灣延續、復活的歷史，那麼重點當然就不一樣了。

其中一個重點是，國民黨的殘餘勢力如何逐步集中到臺灣。選擇臺灣為最後退路，對蔣介石來說，好處是隔著一百多公里的臺灣海峽，解放軍並不具備渡海登陸作戰的條件；不過壞處也在隔著一百多公里的臺灣海峽，阻絕了「反攻大陸」的機會。

蔣介石與國軍原本一直希望能另外維持靠近大陸的據點，包括海南島和舟山群島都在努力據守之列。其中舟山群島除了控扼長江口的戰略位置之外，還靠近蔣介石的家鄉，有特殊的情感與象徵意義。

將海南島和舟山群島等地納入歷史視野中，我們會看到「興亡史」中看不到的一項奇特重點，那就是這段過程中國民黨「無能守土，卻高效撤退」的現象。一九五〇年中，蔣介石費盡苦心，做了許多安排，終於將原本看守海南島和舟山群島的軍隊，在戰火下保存實力運送到臺灣。那個時候，蔣介石體認到要以臺灣為基地同時佔領海南、舟山，海上運輸力量已經絕對不允許，但他還能掌控足夠的組織力量，成功地將部隊撤往臺灣。

保留海南、舟山，也就保留了短時間內趁大陸變局反攻的可能，那是戰術動員能進行的；軍隊全都聚集在臺灣，如果要反攻，那就是戰略動員了，難度與規模不可以道里計。

當蔣介石連海南和舟山都放棄了，他沒有道理在面積小得多、地位低得多的金門仍留駐部隊，原先也是安排要撤退的，卻在兩項因素影響下改變了。

第一項因素是胡璉。胡璉一九〇七年出生，後來升到上將，響亮的外號叫「金門王」，保住金門的「古寧頭戰役」是他帶領的部隊打贏的，後來爆發「八二三炮戰」時擔任金防部司令的也是他。金門關鍵時刻他都在，「金門王」不是叫假的。

從大陸撤退時，胡璉率領的第十二兵團下轄三個軍，是當時少數最完整的兵力。蔣介石將其中一個軍放在金門，另外兩個軍調到臺灣去。這樣的舉措引起胡璉的不滿與提防，認為蔣介石的真正目的在奪他的兵權。

前面提過，國共內戰時國軍分成好幾個支系，彼此多所猜忌，連蔣介石都無法讓他們真心合作。愈到後來，戰情愈吃緊，軍隊間的協同問題愈是嚴重，也愈是表面化。就連同為「天子門生」，都是系出黃埔的將領，也出現了尖銳檯面化的對立。最嚴重的情況發生在陳誠與湯恩伯之間，兩人簡直水火不容，而胡璉明白地站在陳誠那邊，對陳誠高度效忠。淮海戰役後，蔣介石命令胡璉帶殘部歸屬湯恩伯節制，胡璉不受命，不到浙江卻轉入江西，並在江西神奇地重整了兵力。

流傳甚廣的說法是，胡璉拿走了黃維部隊的鉅額軍費充作自己建軍的資本，因而得以從江西轉到廣東潮汕之間，一路坐大，等到從大陸撤退時已擁有三個軍的實力。到達金門時，胡璉當然知道蔣介石不可能容許他掌控這麼大的兵力，但他為自己打算、為他認定效忠的長官陳誠打算，必須防止蔣介石完全奪走他的兵權。

所以胡璉交出兩個軍之後，遲遲不願將剩下的兵力從金門移到臺灣，在金門他可以和蔣介石保持一定的距離，也保有一定的自主性。

02 金門王胡璉的「走公養金門」

和胡璉態度同等重要的另一項因素，是一九五〇年六月韓戰爆發，激起了蔣介石不同的想法，對金門有了不同的打算。韓戰爆發後，美國回頭支持國民黨，保障了臺灣的安全，但美國的戰略防線計畫中是沒有金門的。金門離大陸太近，不只難以防衛，還容易產生不可預料的變數，對於必須全力應付朝鮮半島戰場狀況的美國來說，只有麻煩沒有好處。

然而韓戰對蔣介石的主要意義，卻是開啟了重新和美國合作、藉美國軍事力量發動反攻的希望。沒有海南島、沒有舟山群島，金門就成為反攻集結兵力的唯一選擇，他當然不能放棄。美國知曉蔣介石的想法，視蔣介石為危險因子。美國對韓戰採取的主要立場，是堅決防堵共產勢力擴張，但絕對不要和蘇聯或中共直接宣戰，承擔爆發第三次世界大戰的危險。就算中共解放軍擺明了進入朝鮮戰場，美國仍然堅持以北韓為軍事行動上唯一的正式敵人。在這個大戰略顧忌下，蔣介石的冒進很可能將美中、甚至美蘇推向萬劫不復的直接戰爭狀態。

因此美國強烈要求蔣介石從金門撤軍。受到美國強大壓力，蔣介石一度動念以金門撤軍為籌碼，抬高價碼跟美國換取更多的資助與承諾。但美國不答應，美國訴諸的是威脅手段，明白宣告：美國海軍第七艦隊保衛臺灣，範圍只及於臺灣海峽。也就是不包括大陸沿海，不包括金門在內，用這種方式讓蔣介石知難而退，認清金門無從防禦而願意撤軍。

但這時候，仍然待在金門不願轉到臺灣的胡璉，表達了堅守金門的立場。可是美國不協防，解放軍隨時可能從廈門發動攻擊，守軍所需的各種物資又必須從海上運補，金門島自身絕對無法自給自足。這樣的金門如何守？

胡璉提出了他的辦法。他明白向蔣介石要求三個條件，第一是撥交兩艘中字號運輸艦給金防部自由運用；第二是利用美援，將金門的戰備物資存量標準提高到半年；第三是讓金防部可以自由聘用非軍事人員，只向中央報備，不屬任何正式單位，不受一般資格規範的限制。

得到這三個條件，胡璉就展開他的「走公養金門」計畫。所謂「走公」是對應「走私」，實質上就是「走私」，但其目的不為私利而是為了金門軍民生計，所以胡璉帶著自嘲與自豪，將之稱為「走公」。

實際做法是將多出來的戰備物資裝上運輸艦，運送到當時也受戰亂影響，也因移民湧入，而使得物資嚴重缺乏的香港去販賣。賺回來的錢用來建設金門，最重要是改善金門的農業生產環境，開發經濟作物。將戰備物資拿去賣，這在戰時是何等嚴重的違紀行為，如果是軍人，被查到甚至是要槍斃的，所以胡璉盡量不讓部隊裡的人員涉入其中，完全交由另聘的非軍事人員來執行。

「走公」和香港交易，多以黃金進行。物資缺乏使得物價騰漲，許多從大陸逃到香港，有能力居留在香港的都是有實力、有財產的人，也帶了不少黃金過去。這筆生意後來隨著美援充裕，帶來了更多的利益。美國實物援助中有大批的麵粉，在臺灣用不完，在金門不受歡迎，卻很容易在香港傾銷。於是胡璉索性讓這些物資只在帳面上由金防部接收，實際上根本不落地，直接運到香港換來資金，再送回金門。

03 自主養兵養民，全靠金門高粱

有了資金用在什麼地方呢？這裡牽涉到一位關鍵人物葉華成，他是南洋華僑，後來受戰爭波及回到金門家鄉，做起了釀酒生意。但他從外地購買的白米原料受海水浸泡，老本也跟著泡湯，不得已改用高粱製酒，他還特別請教北方來的軍人，終於在自家的「金城酒廠」成功釀出高粱酒。胡璉得知後，覺得酒廠是個不錯的生意，就將部分資金用來設立軍方的「九龍江酒廠」，並招來葉華成全權主持。金門高粱酒的包裝上，一直到今天都還有「龍」的標誌，就是傳承自「九龍江」的名號。

據說為了更有效生產高粱，金門酒廠引進了中亞的特殊品種，而當時中亞是在蘇聯控制下，中間還涉及到突破「反共抗俄」禁忌的情報運作。不過這部分純屬傳言，沒有足供對證的史料，大家且姑妄聽之。

如此架構了非常時期養活金門駐軍和居民的循環。將戰備物資賣到香港換資金，一部分拿到臺灣買米提供金門人所需，將金門的土地轉為種植高粱；另一部分資金則投在酒廠的設立與維持上，用「一斤高粱換一斤白米」的辦法來收購高粱，釀成高品質的酒再銷售出去。

這是一段不能張揚的傳奇故事，在不增加民國政府財政負擔的情況下，胡璉維持住金門守軍，自主養兵養民超過五年。

他的地位更像個「金門王」了，蔣介石終於動用陳誠的關係，在一九五四年將胡璉明升暗降，調回臺灣當第一兵團的司令。蔣介石利用胡璉對陳誠的高度效忠，以陳誠未來仕途更上一層樓，即擔任副總統為交換條件，讓胡璉放棄在金門的獨立勢力。

胡璉離開金門之前，利用循環累積的資金，多做了幾件事。一件是開辦軍中學校。當時金門軍民間的識字率很低，胡璉下令部隊中少數有學歷的，尤其是來自青年軍的軍官，就地在部隊裡教認字讀書，不只軍中弟兄可以免費參加，還開放讓居民、小孩來聽課。

另一件是開馬路。當時一度引來不少質疑和批評，說金門就那麼點大，交通運輸需求有限，幹嘛以高規格興建寬廣的車行大道？這不是浪費嗎？第三件是人工種樹，在無法長出其他樹木的沙地上種起一排排的木麻黃。

胡璉去職後，劉玉章接任金防部司令，大致延續胡璉的做法。後來沒多久，蔣介石感覺對岸中共的情勢不穩，又將胡璉送回金門，金門的建設得以基本維繫。

在胡璉盡力防範蔣介石奪他兵權的時期，他甚至連到臺灣辦公都能少則少。有一次他不得不從金門到臺北，被要求參加「白團」[6]日本顧問白鴻亮（本名富田直亮）在圓山飯店開設的高階軍事課程，那是所有將領都必須參加的訓練班。胡璉遇到了白鴻亮，忍不住質問他：當年為什麼主張從金門撤軍，認定金門一定守不住？別人這樣說，胡璉還不會那麼受不了，白鴻亮是日本人，對於太平洋戰爭再熟悉不過，那時候日本守的不都是小島，不也都守了很久，讓美軍吃足了苦頭？

面對胡璉挑釁般的質問，白鴻亮給了很簡單的答案：「日本人在小島上有地下工程，你們在金門沒有，那就是守得住、守不住的關鍵。」胡璉聽得如震天雷響，立刻承認白鴻亮說的有道理，一回金門就規劃要全面進行地下防禦工程。不過計畫還來不及付諸執行，胡璉就被調回臺灣，也是由劉玉章接手，才有了我們今天視為奇蹟般的太武山地下堡壘，將花崗岩掏空興築出的擎天廳和複雜交錯的甬道。

6 白團是由前日本駐華派遣軍司令岡村寧次大將於一九四九年招募日軍軍官成立的組織，受聘於民國政府，為蔣介石的軍事顧問團。由富田直亮少將擔任團長，化名「白鴻亮」，故稱為「白鴻亮軍事顧問團」，簡稱「白團」。除了擔任戰時策略顧問，亦協助軍事、軍官訓練，開設「圓山軍官訓練團」、「實踐學社」等。

04《八二三注》所描寫的八二三炮戰

胡璉在一九五七年被派回金門，因為他的地位實在太高了，連帶拉高了副司令的層級。一九五八年爆發「八二三炮戰」，第一天就折損了吉星文副司令，「七七事變」時在盧溝橋的守軍就是吉星文帶領的兵團，如此名頭響亮、戰功彪炳的將軍去當金防部副司令，就是胡璉造成的人事效應。

「八二三炮戰」是國共內戰的最後一場戰役，而且極少見、難能可貴的，國民黨打贏了這場世界軍事史上幾乎是空前、應該也算絕後的戰役——一場雙方完全沒有接觸的戰役。戰爭本來應該像拳擊，你一拳、我一拳地較量，這場戰爭卻硬是被打成了網球賽，雙方隔著一定的距離，從來沒有實質搏鬥。

要深入了解這場奇特的戰爭，恐怕不能靠任何戰史，而是要去閱讀朱西甯的六十萬字長篇小說《八二三注》。小說中有三個主要角色，情節圍繞著他們展開。

第一個是出身軍事世家的陸軍中尉排長黃炎。他父親是將軍，哥哥是空軍飛行員，這樣的背景給人的特權聯想一直困擾著他。第二個是蛙人部隊隊長魏仲和，他是廈門人，許久回不去的家鄉就在金門對岸。第三個是老不正經的民政官邵家聖。

安排這三個人當主角，凸顯了戰爭的奇特之處。「八二三炮戰」真的就只是炮戰，雙方火炮隔空射來射去，只有炮彈的彼此破壞，沒有部隊人員的交接佔領行動。僅有的兩次短兵相接，一次發生在黃炎的排防守的海岸邊，對岸解放軍的「水鬼」趁夜闇摸上來，被發現並逮捕。另一次則是反向行動，由魏仲和帶領蛙人小組也是在夜裡登陸廈門，對「白石炮臺」進行拍照調查。

小說裡這一段寫得很感人。魏仲和帶著三個蛙人弟兄潛回了曾經魂縈夢牽的故鄉，然而故鄉已成敵境，如果要留下來，就只能捐軀犧牲了。

《八二三注》最大的貢獻是寫清楚了那場戰爭比的是什麼，勝負是如何決定的。毛澤東認定光是靠密集火炮轟擊，就可以讓蔣介石因不堪損失、無法運補而從金門撤軍；於是在國軍這邊，最重要的目標就是顯示中共的火炮不管如何猛烈，也無法封鎖金門。

一九五八年炮戰爆發時，金門島的戰備儲量標準是八個月，也就是在共軍連續炮轟八個月後，金門將沒有糧食，軍隊非撤退不可。《八二三注》書中就有這樣的關鍵場景描述：炮戰開始不到一個月，國軍海空部隊便開始冒險對金門運補。在彈如雨下的沙灘上，海軍運補船一波一波搶灘，空軍戰鬥機負責護衛，防止共軍從空中襲擊，當地陸軍部隊則齊集海灘搶運物資。

那時候金門其實並不缺物資，蔣介石和國軍卻證明了共軍炮火不可能封鎖金門，也就等於毛澤東的設想落空了。繼續炮擊困住金門的作用消失了，老共只好自己找下臺階，將原本的密集炮轟改成「單打雙不打」，實質上承認整體的戰略失敗。從這個角度看，國軍有效地保住了金門，國民黨難得地在這場戰役中取得了勝利。

05「炮一響，良心就回來了。」

朱西甯寫《八二三注》，從頭到尾沒有出現胡璉的名字，但其中有一段既有趣又饒富意義的情節，表現出他對胡璉的尊崇。

小說中個性調皮，負責和金門老百姓互動溝通，雖有軍職卻行事隨便的邵家聖，帶著一個十六歲的少女在路上遇到了炮擊，兩人慌忙躲到吉普車的底盤下方。既是狹小得肉貼肉的空間，又必然保證不會有別人看到，邵家聖起了色心，忍不住想對少女毛手毛腳。但就在那當下，他卻想起了司令官，耳中彷彿聽見司令官帶著鄉音的訓話，說：「不管平常如何，炮一響，良心就回來了。」

這確實是胡璉在金門練兵帶兵的主要態度。他相信部隊最需要的就是打仗，不打仗時部隊百病叢生，官兵行事荒腔走板，但只要戰事來了，他們自然就回歸應有的模樣。

此刻的邵家聖就是胡璉這項信念的示範。聽到炮聲，不知道炮彈會落在哪裡，很自然會擔心、會害怕炮彈下一秒落在自己頭上。在那懸疑的當下，無可避免地過去所有做過的壞事都會回想起來，每一樁、每一件都產生讓人恐懼的力量：會因為這件錯事，使得炮彈落下來嗎？還是另外那件呢？

邵家聖的色心硬是被擋住了，他怨懟司令官，可是也沒用，司令官的信念就在此刻化為如來佛的手掌管住了他。

胡璉後來又從金門被調回臺灣，一度被派任為駐越南大使，也曾牽涉弊案遭到調查。過了六十歲，他決定去臺大歷史系念研究所，指導教授是傅樂成。

胡璉上學的方式，不是學生去研究室找老師，而是老師到學生家裡。胡璉派車去接傅樂成、李守孔幾位老師，下午五點多接到他家，然後用晚餐，在餐桌上談到將近午夜時分。

那可不是閒聊，是真的上課，都在討論歷史。胡璉還興致勃勃地正式寫了一篇論文，主題是對宋太祖趙匡胤「杯酒釋兵權」的考證與解釋。這題目寓意深遠，胡璉真的狐疑、好奇，弄不清楚自己和其他將領到底是如何被蔣介石解除兵權的，為什麼防範、阻止不了？所以他想回到歷史上，以史為鑑，看看能否因此弄明白發生在自己身上，軍事指揮權與政治權力之間的互動消長。

選擇傅樂成當指導教授，一方面因為傅樂成的學術專長在隋唐五代史，另一方面更重要的是，傅樂成是當時臺大歷史系名氣最大、地位最高的教授。傅樂成的地位一部分來自他撰寫通史，他的名聲則來自他是傅斯年的姪子。

06「但開風氣不為師」的胡適

傅斯年在關鍵的過渡年代擔任臺大校長，又在臺大校長任內突發腦溢血，猝逝於省議會的質詢議場中，為了臺大鞠躬盡瘁，後來下葬在臺大「傅園」，成為臺大永遠的校長。不過傅斯年的歷史地位不能以臺大為限，必須追索到他來臺灣之前，在「民國史」上已經擁有的高度成就。

傅斯年登上歷史舞臺，最早是「五四」時期，他在北京大學當學生，恭逢其會，成為胡適回到中國最早教導的一批學生。當時參與「五四」新文化運動的，年紀較大的如蔡元培、魯迅、陳獨秀等人；另有年輕一點的，如剛從美國拿到學位的胡適，帶回各種令當時中國人為之驚駭、為之目眩神馳的想法與主張；再下來就是更年輕的，如還是北大學生的傅斯年、顧頡剛等人。

胡適真的是「但開風氣不為師」，短短幾年下來，他開啟了多少空前風氣，創造了多少爭論話題，又參與了多少新興的運動與組織！

他和陳獨秀在《新青年》雜誌上一搭一唱，推波了「白話文運動」的大浪潮，作為新文化運動的根基。接著因緣際會，他將美國實用主義哲學家、他在美國哥倫比亞大學的老師杜威（John Dewey）迎到中國，掀起了實用主義的大流行。

一九一九年，杜威原本利用在哥大的休假年，帶太太到日本講學，隨後被胡適邀請順道前往中國，沒想到在中國受到異常熱烈的歡迎，到處要請他演講、找他訪談，甚至連杜威太太都成了炙手可熱的演講邀約對象。結果杜威夫婦在中國的行程一延再延，最終待了兩年之久。

杜威當然沒有想到身為哲學家、大學教授，竟然會在遙遠的中國發揮如此驚人的群眾影響力，主要也是因為他的學說衝擊是透過胡適形成的。杜威加上胡適，相輔相成，為中國帶來了民主科學與實用主義的視野，成為當時年輕人用來檢驗、批判中國傳統與現狀的利器。

還有一份和胡適關係密切的雜誌，叫做《獨立評論》。如今臺灣的《天下雜誌》集團旗下還有一份同名的網路雜誌，充分顯示了「獨立評論」的歷史意義。那是一份在中國最早出現、樹立起知識權威地位的當代時政評論刊物，它的重要突破就在於不是為了發表意見而寫時評，寫時評是為了追求能夠真正介入政治、改革政治。

胡適也參與、開創了「整理國故」的風氣。關鍵在於找到新眼光、新視角，對中國傳統文化「全面重新評估價值」。在胡適筆下，「整理國故」不只是一個概念，而是有著明確的示範成果：他考證《紅樓夢》，改變了「紅學」的走向；他考證神會和尚[7]，引發了禪宗起源的社會史解釋研究……。標舉這兩個例子，就足以顯現他在這方面帶來的作用。

胡適在中國的知識界陸續開闢了許多戰場，讓這些領域都有熱鬧發展，吸引了人才，也吸引了社會的注意。在大部分領域中，他自己做出來的成績，雖然不見得是最頂尖的，但他的表現足夠精彩，他的名聲足夠讓人不能忽視他所提出的新方法、新看法。

這是「但開風氣不為師」了不起的大貢獻。

7 神會和尚，唐朝僧人，六祖慧能的弟子之一，荷澤宗的創始者，著有《顯宗記》，確立了「南能頓宗」和「北秀漸教」二門禪法，從此南宗日盛而北宗漸衰，唐德宗追立其為禪宗第七祖。胡適曾發表《神會和尚遺集》，指出神會是「南宗的急先鋒，北宗的毀滅者，新禪學的建立者，《壇經》的作者」；但釋印順認為曹溪法海才是《壇經》作者，反駁「神會說」，後來寫成《中國禪宗史》一書。

07 創辦「天下第一所」的傅斯年

在新時代的文化場域中，胡適上承蔡元培、魯迅、陳獨秀，下啟新一輩北大早慧的學生，其中最活躍、最有能力的幾位，很快就發行了自己的雜誌《新潮》，和老師輩的意見中心《新青年》分庭抗禮。

傅斯年和羅家倫是《新潮》中的要角，而傅斯年又進一步和顧頡剛聯手，推動了結合清代考據學與西方科學方法，落實胡適開啟新觀念的新史學。在這方面，傅斯年尤其是胡適所開風氣的主要執行者，先是以歷史系為中心改造了北大文學院，接著又開辦中央研究院歷史語言研究所。

民國政府遷臺之後，一直到我進入臺大念書的八〇年代早期，歷史系始終維持著在知識界的風光局面，也就是繼承了從北大到中央研究院，歷史系所擁有的特殊地位。傅斯年實質上將歷史系打造成為北大文學院的中心，還將歷史的視野與態度貫徹到文學院的其他系所中；而「歷史語言研究所」號稱中研院的「天下第一所」，不只成立時間最早，當其他各所還在草創摸索階段時，史語所就進行了轟動國際學界的「安陽考古」挖掘，挖出了一個足以改變中國史和世界文明史的大寶庫。

來到臺灣之後，傅斯年在組織上擴張歷史學術地位的做法，由沈剛伯繼承了。沈剛伯是臺大歷史系的大教授，但他壯年時最有精力的幾年，卻經常不在臺大。他到處去幫其他大學設立歷史系，從公立學校到私立院校，只要是還沒有歷史系的，沈剛伯都去勸說，也願意付出心力、動用人脈協助設立。

從史語所到後來臺灣各大專院校的歷史系，傅斯年陰魂不散，意思是史學研究進行的方式，歷史知識的根本性質，幾十年間在臺灣沒有離開當年傅斯年訂下的典範。最特別也最明顯的，是一直保留到今天的「歷史語言研究所」這個機構名稱。

查看中研院組織表就知道，其中有一個後來成立的「語言學研究所」，那豈不是和「歷史語言研究所」領域重疊了？要進一步看英文名稱才能弄明白：「語言所」研究的是Linguistics，「史語所」則是History and Philology。「史語所」這個名稱是傅斯年定的，反映了他有意承襲自德國「蘭克學派」的強烈史學態度與立場。那是一種嚴格的「科學史學」，認為史學研究要盡量去除研究者的主觀，朝向自然科學規範而努力，所以應該做的、且只能做的就是「上窮碧落下黃泉，動手動腳找東西」。史學就是史料學，從根本上說，也就是在史料所使用的古語言基礎上弄清楚史料在講什麼，然後讓史料自己說話，不需要、也不該有研究者的主觀解釋。

這樣的精神長期瀰漫在從大陸到臺灣的「民國」史學界，一直到我進臺大前後，才由林毓生、張灝、余英時等人積極提倡的「思想史」——強調史學中「理解」（Verstehenung）的重要性，不可能完全排除主觀——進行了新舊典範的移轉。

不過傅斯年雖服膺「科學史學」信念，但他對中國古史的研究，表現在論文〈大東小東說〉、〈夷夏東西說〉裡的，仍發揮了精彩的解釋與洞見，絕對不是乾巴巴的史料排比而已。他的著作相當程度上鋪設了後來商周文化關係研究的基礎，再配合安陽的挖掘成果，徹底改變了我們對中國上古史的認識。

從傅斯年到李濟，到高去尋、石璋如，再到張光直，這是開創中國古史研究新頁的重要系譜。我寫《不一樣的中國史》第一冊，即有意識地繼承並記錄了這個系譜的方向與突破，讓大家得以了解、體會民國學術史上的一大成就。

而傅斯年在民國史上，還留下了一篇比〈大東小東說〉、〈夷夏東西說〉更有名、更轟動的文章，那是在一九四七年初於《世紀評論》發表的時論，標題就說明了一切——「這個樣子的宋子文非走開不可！」那不只是批評當時的行政院長宋子文，也等於是對「孔宋家族」貪污腐化的總控訴，宣告「孔宋」在中國的公信力與合法性完全破產。

08 「反對」胡適有理的精彩人物

無論是胡適或傅斯年，他們和國民黨之間的互動不可謂不密切，然而長期以來，他們卻始終和國民黨保持了若即若離的關係，更精確地說，保持了不被收編、可以翻臉說真話的關係。

在《獨立評論》或《自由中國》上寫稿，或是發表〈這個樣子的宋子文非走開不可！〉，那是他們絲毫不含糊可以「離」的選擇；那什麼時候相對會選擇「即」，和國民黨政權靠近呢？

當國民黨找傅斯年擔任臺大校長時，或是當胡適最終決定擔任中央研究院院長時。朱家驊離職，中研院院長出缺，當時人在美國的胡適立即表示請不要將他列入院長考慮人選，他沒有意願出任。然而兩輪院士投票下來，兩次胡適都得到最高票，最終胡適還是點頭首肯了。

這是胡適在耍什麼「欲取之先予之」的權謀手段嗎？擺個拒絕的姿態抬高身價，反而讓別人投票給他？不是的。史料清楚顯示，是在投票過程中大家看明白了，蔣介石要安排自己身邊的張其昀來接中研院院長，為了避免中研院被政治權力掌控，失去學術自主性，因而胡適不能再推辭，必須保住這個位子不落入政治操弄範圍內。

往回推，當年傅斯年答應接掌臺大，也出於類似的用心；傅斯年意外猝逝，有一群人緊急動員並積極運作，確保由錢思亮接任臺大校長，這對臺大後來的發展，臺大能繼續保有一定程度與政治隔絕的自由，可謂關係重大。

胡適到處「開風氣」，社會影響極大之外，卻也必然在各個領域樹敵甚多。幾乎在每個他曾經觸及的領域，胡適都遇到了表現比他傑出的對手。在白話文學方面，寫《狂人日記》、《阿Q正傳》的魯迅確實比寫《嘗試集》、〈差不多先生傳〉的胡適厲害太多了。哲學方面，胡適始終不離杜威的實用主義，相對地卻有馬一浮、歐陽竟無、熊十力等結合佛學與儒家思想的新動向，另外有金岳霖在邏輯實證論、賀麟在黑格爾辯證法上的傑出表現，其深度與原創性都遠遠超過胡適。

在整理國故、中國歷史研究方面，胡適也遇到一個了不起的對手。如果沒有胡適，錢穆仍然會是了不起的史家，但他的許多文章恐怕就不會寫，或不會那樣寫了。像是一九二三年，錢穆寫了〈關於《老子》成書年代之一種考察〉，那是讀了胡適的《中國哲學史大綱》，發現以胡適的大名，在美國以先秦名家研究作為博士論文主題，竟然還將老子視作和孔子同時代。於是錢穆寫了考據文章，明白表示：《老子》一書必定成於戰國時期，而且時代是介於莊子和韓非子之間。

胡適及其著作一直在錢穆心中，視胡適為國學研究上的大對手，發現胡適提出讓他不能同意的看法，錢穆就積極寫辯駁文章，反而由此建立了自己在先秦學術上的一大系統。

每個領域都有人討厭胡適，都有人挑戰胡適，而且往往他們反對胡適都是言之成理的。但無可否認的，他們之所以能在這些領域有成就之功，或許還是得感謝胡適「開風氣」的提倡與創造。如果沒有胡適，他們也不會被刺激出強而有力的反應。

09 陳寅恪、錢穆和余英時

錢穆在一九四九年離開中國大陸，移居到香港，創辦了新亞書院。今天屬於香港中文大學的新亞書院，入門處有一面大牆，羅列了早期書院畢業生的名字，而排名第一的、第一屆的第一位畢業生，就是余英時。

余英時不只是新亞書院第一位畢業生，他還是錢穆的入門弟子，和錢穆保持著終生的親近關係。不過余英時對於中國歷史、中國文化的看法，很多時候和老師錢穆不盡相同，師生兩代的思想形成了很有意思的對話。

錢穆從來都不同意胡適，然而余英時卻始終沒有放棄對胡適的重視。他前後做過好幾次胡適研究，將主要成果收在《重尋胡適歷程：胡適生平與思想再認識》一書中。太多人談胡適、寫胡適，余英時卻從原始史料，從對胡適的敬重，考據標舉出別人沒說過的胡適事蹟。

例如前面提過「中國遊說團」在美國的作用，「孔宋家族」主導了中華民國對美的外交工作，而余英時卻別出心裁地凸顯了胡適擔任駐美大使期間，曾有過的特別貢獻。余英時對胡適的肯定，更重要的是民主思想與態度的普及和堅持。在這方面，錢穆都無法改變余英時對胡適的評價。

余英時在「民國」的學術思想研究上，不只限於關注胡適。他還寫過《陳寅恪晚年詩文釋證》，揭露了陳寅恪在解放後的痛苦心路歷程，無法同意毛澤東向蘇聯「一面倒」的政策，卻苦於無法申說不滿，只好運用典故，將批判性的想法藏在所寫的舊詩中。余英時以自身的博學一一破解陳寅恪詩中典故，與當時的時事對證，像偵探般找出了詩中暗藏的謎底。

陳寅恪最有名的事蹟之一，是年輕時到歐美遊學，深入十九世紀的西方人文傳統，學會了可能連自己都數不清的多種外語。為什麼會連自己都數不清？

因為他學的，其中有好多種是在現實中已經不存的歷史語言。學這種現實中沒有人講，因而走遍世界也用不到的語言文字做什麼呢？

這些語言大部分散布在中亞地區，是研究中國歷史中「西域」地帶的重要學術工具。陳寅恪的學術興趣是受到清末民初「西北熱」所挑激而起的。「西北熱」來自蘇聯在西北方對中國領土的野心威脅，而現實政治的危險，又源自於傳統上對西北的忽略與無知，因而民國學術界其中一項新興的熱門現象，就在於對「西北史」的研究。

民國史上曾經出現過兩個「西北王」，前有馮玉祥，後有胡宗南。而胡宗南的「西北王」地位在歷史上很曖昧、也很無奈，那是緣於抗戰時期他被蔣介石一直派在西北。胡宗南地位很高，率領的部隊規模可觀，然而抗戰時他沒有足可稱道的戰功。不是他不會打仗，不是他不願打仗，而是統帥蔣介石不讓他去打日本人。

西北沒有日軍，對抗日軍不可能成為「西北王」，西北有的是以延安為中心的共產黨勢力。在「西安事變」後，雖然有號稱「第二次國共合作」，然而國共雙方從來沒有真正放下心防一致對外。蔣介石寧可讓胡宗南的部隊無法運用在抗日上，也一定要嚴密防堵中共勢力；反過來看，即使受到蔣介石嚴密看管，毛澤東仍然執意要在抗戰中將勢力朝寧夏、察哈爾一帶擴張，進一步形成「蘇區」勢力。

10「民國」是個出人物的時代

「民國」是個出人物的時代，講「民國史」必須將重點放在各式各樣的傳奇人物上，他們的精彩人生妝點了「民國史」最獨特的絢麗色彩。

明代毛宗崗曾經假金聖歎之名，寫了一篇《三國演義》的序文，解釋為什麼這是「第一才子書」，為什麼這本書特別精彩。最關鍵的因素是：「三國」是個多元人才大發揮的時代，所以發生在「三國」的故事，必定比任何其他時代的引人入勝。

毛宗崗在文章裡具體點名，文的、武的，各式各樣不同才能的不同傳奇際遇，在「三國」時代多到不可勝數。毛宗崗對「三國」的意見，最接近我對

「民國」的看法。一個混亂的時代，一個沒有現成答案的時代，一個人人困思問題解決方法的時代，一個有大空間供進行破壞性、建設性試驗的時代，也就必定是一個充滿精彩人物的時代。

並不是因為他們都吃了神藥大力丸，不是因為他們那一代遺傳了天賦異稟，而是時代的動盪與糾結，逼出了他們的智慧與活力。他們沒有固定的位子，沒有往後看、往前看能夠有把握的軌道或方向，他們只能去找出、創造出自己的道路，往往是前人沒走過，甚至是前人認定絕對不可能走的道路。

作為「民國人物」的陳寅恪，可以自由地在歐美遊學，不顧念、不追求學位，立志要培養自己研究「西北史」的所有學術配備；然後回到中國，受到變化時局的衝激，竟然也就快速轉型，將學術重心移轉到中古史上，成為中古史的大家。而這只是陳寅恪生命中大約二、三十年間所發生的事。

又例如胡適，他來到上海進了學堂才開始學英文，沒多久就去了美國留學，在康乃爾大學念農學，才第一年，他就開始用英文寫日記，還用英文對美國人宣講、解釋「中國是什麼」。他很快放棄了農學，轉到哥倫比亞大學念哲學，沒等到完全辦好博士學位手續，就又回到中國，不到三十歲的年紀就成為北京大學最受歡迎的教授。那麼短的時間內，他的生命已經走出那麼多不同的風景。

這絕對不單純是陳寅恪、胡適了不起，而是他們活在「民國」，得到了如此了不起、能夠成為「人物」的機會。對比一下再明白不過，沒有了「民國」，陳寅恪的最後二十年，基本上兩本書——《論再生緣》和《柳如是別傳》——就總括了他的人生，突然之間，他的生命速度慢下來，他也就失去了「人物」的光彩。

「民國史」應該這樣來講、這樣認識。一個胡璉就有多少故事，胡適只會比他多不會比他少，而胡宗南的人生也同等糾結與傳奇。很明顯的，如此鮮活靈動、充滿人物的「民國」，不能用我寫《不一樣的中國史》的通史敘述模式來講，那樣講就失去了「民國」的特色；但如果改成集中呈現人物的戲劇性，那也就不會是通史了。

從人物的角度對比陳寅恪和胡適，前者在一九四九年之後突然徹底失去了光彩，後者卻還能開出一頁又一頁新的活動記錄，包括成為臺灣民主運動的先行主導者之一，我們也因此能肯定：「民國」沒有結束在一九四九年，講述「民國史」的方式與風格，可以一路往下講到來臺灣的這些人物遭遇。「民國」的人才之盛、人物之糾結，仍延續至我自己成長的時代。

11 「民國」消融在「臺灣」的社會意識中

我自認是「民國」的最後一代，切身見證了從「民國」到臺灣的歷史性變遷。

中華民國絕對沒有亡於一九四九年。不過搬遷之後的「中華民國」，卻一步一步被推向邊緣，在政治與社會意識上被「臺灣」所取代。

第一個關鍵年分是一九七一年，中華民國失去了在聯合國的「中國代表權」，在國際組織上不再是理所當然的「中國」。相較於中華人民共和國，其「中國性」不斷下降、褪色。

第二個關鍵年分是一九七九年，美國正式承認中華人民共和國，和中華民國斷絕外交關係。在此之前，世界上的主要國家都已經選擇中華人民共和國而和中華民國斷交，於是中華民國幾乎失去了所有的國際地位。

第三個關鍵年分是一九八八年，那一年蔣經國去世，雖然早已罹患嚴重糖尿病，但他遲遲不做身後安排，突然去世前只確立了蔣家人徹底退出重要位置不再接班，然而黨、政、軍三方面都沒有清楚的接班交代。一時混亂中，李登輝、郝柏村、李煥與宋楚瑜連結起來，形成黨政軍新結構。一九四九年搬遷來臺的舊國民黨勢力，注定將被完全推離權力運作。

第四個關鍵年分則是八年後的一九九六年，在李登輝堅強意志主導下，完成修憲以及為一系列的民主選舉制度訂定程序，將總統大位交付直接民選。表面上看，李登輝在大選後繼續擔任總統，然而實質上他所領導的，已經是完全不一樣的政治體，甚至可以廣義地說，是完全不一樣的國家。

再過四年，二〇〇〇年迎來了第五個關鍵年分，連李登輝自己都沒有預期到的快速變化中，他的總統職位竟然交給了民進黨的陳水扁。從一九四九年後一直在臺灣執政的國民黨，交出了中央執政權，有了第一次的政黨輪替。中華民國、國民政府、國民黨，原本理所當然的三位一體瓦解了，連帶使得中華民國的有效意義，不只在國際上，連在臺灣內部都進一步弱化、淡化了。

「民國」沒有滅亡，只是逐漸消融在「臺灣」的政治與社會意識中，逐漸失去了鮮明的現實意義，但其歷史意義與歷史重要性，絕對不容忽視、抹煞。

第二部分

我所關注的「中國史」

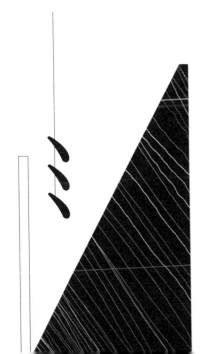

01 減法的、窄化的「本土化」政策

我是從二〇〇七年開始中國通史的講授計畫，起心動念的因緣之一，是「敏隆講堂」簡靜惠董事長的邀約與要求。當時簡董事長不知道的，是我對她長年主持的「洪建全基金會」抱著深深感念之心。十幾歲的中學懵懂年紀，我就開始固定閱讀《書評書目》雜誌，開拓了眼界，也培養了對於書籍更廣更雜的興趣；然後又接觸了基金會發行的楊弦《中國現代民歌集》、《西出陽關》兩張唱片，以及後續由陶曉清策畫，吳楚楚、韓正皓等人創作的《我們的歌》唱片，讓我比同代朋友們更早認識「金韻獎」與「新格唱片」之前臺灣新興青年的創作歌曲風潮。因為被《我們的歌》誘惑，誤打誤撞訂購了一套五張由溫隆信等人創作的中國當代音樂作品，讓我第一次領受到音樂中的「現代主義」衝擊。簡董透過同事建議我在「敏隆講堂」開設中國歷史課程，我不可能拒絕，必定遵命照辦，當作是難得可以回報「洪建全基金會」的機會。

可是講中國歷史要講什麼呢？選擇講中國通史，而且簡直像是給「敏隆講堂」同事找麻煩般，提出要開自己都不知道需要花多長時間才能講完的長期課程，那就不是簡董要求的，而是另外受到當時時代變化潮流的強烈刺激。

前一年，二〇〇六年，臺灣最重大的政治社會動盪是「紅衫軍事件」，在一個下雨的秋夜，竟然有近百萬人走上臺北街頭，表達「反貪腐」的激憤。在此之前，是由「國務機要費案」開啟序幕，揭露出一波一波從總統府、總統官邸以降的層層貪腐弊案。我那時候還在新聞界工作，除了擔任《新新聞周刊》副社長兼總主筆之外，也不時會上電視政論節目表達對於政局的看法。

在那過程中，有一段時間我反覆在公私場合表示：儘管有諸多證據顯示第一夫人涉入極深，但我深信陳水扁總統、總統府秘書長邱義仁等人不太可能涉案。我的判斷來自我過去和他們互動往來的認識，陳水扁是一位權力欲望極高，以至於可以放棄許多生命其他追求的人，包括物欲財富的追求。至於邱義仁，他有那麼長久的革命信念，投身組織「新潮流」這樣嚴密的革命團體，怎麼可能是個貪財的人？

然而事情後來的發展帶給我極大的震撼。原來我對於這些投身黨外到反對黨運動中的人，我有諸多機會近身觀察的人，都嚴重誤判？使得我誤判、使得這些人變得如此不同的原因是什麼？是普遍的政治權力嗎，還是臺灣特殊的政治環境？那樣的震撼甚至讓我沮喪地做了一個一直奉行至今的決定：政治判斷如此糟糕的人，最好不要投票。作為懲罰，我取消了自己在重要選舉中投票的權利，從此之後我觀察、我思考、我分析，但我不投票。

也因為這樣的時局發展，使我必須面對自己可能的盲點：因為很年輕的時候就站到黨外民主運動那一邊，也曾經在第一線上參與民進黨第一次總統初選，在許信良的邀請下擔任過黨部的一級主管，我失去了客觀、嚴謹地看待乃至批判民進黨的能力？儘管在《新新聞周刊》任職時，我從來不曾鬆懈過對於執政者的監督，但或許潛意識中我還是在某些地方看不見這個執政團隊的問題？

於是我先是很認真地寫了一本書《十年後的臺灣》，然後配合清大教授陳傳興充滿洞見的小冊子《道德不能罷免》的出版，我又呼應寫了小冊子《困境臺灣：我們還能怎麼辦？》。愈是深入檢討民進黨到那個時候五、六年的執政經驗，我心中愈是感到沮喪。

尤其我不可能遺忘在黨外時期對抗國民黨的鬥志是怎麼來的，創黨之初對於臺灣未來的想像又是如何形成的。對比、對照下，取得權力的民進黨正在打造一個很不一樣，背離當初理想與奮鬥目標的臺灣社會。

如此冷靜反思，最令我不舒服的其中一項變化發展，是民進黨執行的「本土化」教育與文化政策。「本土意識」當然是從黨外到民進黨這股反對勢力最重要的資產，也是我自己很早就投身支持的價值。然而那個年代，「本土」的意涵是從與「大中國主義」對抗中形塑出來的。「大中國」是虛假的，是脫離現實的；「本土」是植根於現實的，是真確的。「大中國」是簡化的、排斥性的，硬是要將多元的臺灣窄化為一元的；「本土」是正視並尊重臺灣多元族群、多元歷史、多元文化的。這是我認知、我擁護的「本土」。

然而這卻不是民進黨取得權力後實行的「本土化」，尤其是以「去中國化」當作實施重點的「本土化」。這種做法和當年我們反對的國民黨政策，同樣是減法的、窄化的，而且同樣是將自己不喜歡、與自己無關，或自己無法理解的部分，就強制排除在「本土」之外，在「臺灣」之外。國民黨曾經用這種方式對待他們看不慣的日本因素，現在民進黨竟然用同樣的方式對待他們看不慣的中國因素。

我們的上一代，我的父親母親，被國民黨剝奪了他們的日本時代記憶，從主流的教育與文化中驅逐出去。說日語、受日本影響不是他們自己選擇的，但那就是他們真切的生命記憶。唯有的生命經驗，卻硬生生被取消了。真沒想到在我這一代，就在我自己身上，竟然要承受一個新的政權，同樣霸道地取消我和中國文化、中國歷史的記憶與經驗！那也不是我自己選擇的。我出生、成長在「復興中華文化」的潮流中，我學會了一身熟悉中國傳統，得以親近中國歷史文化的習慣與本事，他們現在卻要說：這不是臺灣，如果要做臺灣人，就必須放棄這些。

我不同意，我無法同意。所以我決定回頭整理我和中國歷史、中國文化的真實生命經驗，我決定盡可能完整地講述一次我所知道的中國歷史。

02 多元養成的「知識債主名單」

通史必須從頭說起，而要說「中國通史」就必須從「中國是如何出現的」說起。這正是講授通史最吸引我的一個原因——可以讓我擺脫陳舊的三皇五帝傳說，用考古學的新發現為材料，重新說出「中國」如何從「滿天星斗」式的新石器時代多元起源，逐步收束集中，才出現接近一元的文明過程。

我早就對於從黃帝開始建立中華民族的那套神話歷史感到極度不耐煩，不只是那樣一種史觀完全不合邏輯，通不過最基本的理性思考檢驗，而且明明一百年來從細密考據到有了地底挖掘出土的明確證據，已經足以建構出合乎邏輯也合理的另一種歷史認知，為什麼還有這麼多人繼續堅持、忍受明顯落伍且該被淘汰的說法？

所以在講課時，我很自然地從李光周及張光直兩位帶領我進入考古學領域的老師說起，課堂上幾乎說得欲罷不能。我說了一些李光周老師和他父親李濟先生的承傳關係，但沒有說完、還來不及說的，是張光直先生和他父親張我軍之間更複雜的故事。這故事又牽涉到張老師年輕時就讀臺大涉入「四六事件」[8]而遭到逮捕，成為思想犯；也牽涉到他們兩代在臺灣與中國之間的糾結認同。

我很想講，但必須強迫自己節制，後來在整理書稿時，只留下小部分內容，大部分都刪除了，以免模糊講述歷史的焦點。其實不只是上古史、考古學，幾乎每一個時期、每一講，我都有衝動想要多介紹曾經影響過我的那些歷史研究者，關於他們的時代、他們的背景、他們的學術來歷、他們的成就與挫折，還有這麼多年浸淫在這個領域從各種不同來源所知道的一些他們的人格學思小故事。

會有這種衝動，正說明了我的中國歷史知識，以及絕大部分放在書中的論點，都是有來歷的。換句話說，除了夏商周三代考古與漢代文學、經學變遷之外，其他的看法、想法都不是我自己從史料裡蒐羅論證出來的，而是我從這些前輩學者的書中、論文中讀來的。對於曾經給我如此重要影響的學者，我都會同時產生對他們自身生命的好奇心，會去找尋各種資料來認識他們，理解他們做學問和做人的方式。

不過最後留在《不一樣的中國史》書稿之中，只剩下極少數如錢穆、黃仁宇、費正清、內藤湖南等史家有稍微多一點的介紹，其他更多更多，甚至包括我曾經親炙從學的英國漢學家魯惟一（Michael Loewe），或是在知識思想上給予我極大影響的余英時先生，都只好捨棄不談。如果再多談，這套書就會變成通史與學人傳記混雜的奇特性質了。

不過在「敏隆講堂」講了五年，後來又在「趨勢講堂」重新再講五年，這十年的時間中，這些學者的著作與故事一直陪伴著我、圍繞著我，給我滋養也給我信心。我曾經動過念頭，將我認為應該好好向讀者介紹的重要中國歷史研究者列出一份名單，戲言自稱為「我的知識債主名單」，我從他們那裡得來那麼多，而且他們絕對不會來向我催討知識欠債。

盯視著這份名單，我另外強烈意識到一件幸運的事——我們這一代在臺灣學的，不是一套中國歷史，我們學到的中國歷史也是複數、多元的。至少在我身上，我學到了自梁啟超以降，貫串到「五四運動」，一種混雜了考據、「疑古」、科學史料學和民族史學而整理出來的中國歷史，那是在臺灣的主要中國史觀點。還在念大學時，我們就又透過學校附近的書攤、書店找到許多用各種方式印行的「禁書」，從中讀到中國大陸流行以「唯物史觀」重新翻案述說的中國歷史。這些純粹歷史性質的書籍，在那個時代相對沒有受到嚴厲的看管，在學生之間流傳甚廣。

在臺灣，我們也早就意識到日本「東洋學」中的另一種中國史，從宮崎市定、西嶋定生、加藤繁到斯波義信等名字早已聽聞，文學院圖書館裡也有不少裝幀講究的日文學術書籍。還有一批不一樣的名字也經常掛在我們口中，那是一群在美國大學裡做中國研究的華人學者，從老一輩的蕭公權、陳世驤、楊聯陞，到稍年輕些的余英時、林毓生、張灝、高友工等人，他們關懷、講述中國歷史的方式又大不相同。

等到我負笈美國念研究所，就又多了歐洲和美國學院建制裡的更多不同的中國史。歐洲有深厚的漢學（Sinology）傳統，美國則既有和歐洲合流的漢學，又有新興、持續崛起中的「中國研究」（China Study）。

那真的是繁花盛景，可以說是一個中國卻衍生出諸多故事，故事中有不同的重點、不同的解釋。而且在那個時代，這幾個不同故事的派別還是相對封閉的，彼此的交流影響不是那麼多，和後來逐漸合流的情況很不一樣。因此也就更顯現出我們這種臺灣背景的難能可貴，在我們身上匯聚了不同故事，供我們採擷，也逼我們在多元中思考、選擇。

看著那一長串「我的知識債主名單」，上面有臺灣的師長，有諸多大陸不同世代的學者，有日本人，有美國人、英國人、加拿大人、荷蘭人、法國人、德國人、捷克人、瑞典人。我確認我有這樣的責任，將如此難得多元養成中收穫的中國歷史整理出來，讓臺灣的讀者知道、記得，我們曾經創造過、擁有過如此寶貴的知識環境，有理由非得用粗暴的政治勢力不只予以摧毀，甚至全盤否定？

8 「四六事件」起於當時臺大、師院（今臺師大）兩校學生以提高公費待遇訴求上街遊行，一九四九年三月二十日，一名臺大學生和一名師院學生共騎一輛單車被警察攔下，因爭執遭到毆打拘捕，引發臺大和師院數百名學生包圍警局聲援。四月六日，警備總司令部以共產黨滲透為由，下令軍警到學校抓人鎮壓，最後有十九名學生遭到審判，後來的考古學家張光直也為此事件關押一年多。其後臺灣進入戒嚴，「四六事件」也被認為是臺灣白色恐怖的濫觴。

03 通史怎麼講？看時代的大變化、大成就

另外讓我很不耐煩的，是講述中國歷史時習慣聚焦於帝王將相的政治領域，或是鋪陳宮廷權力的鬥爭。一來，就是這樣堆砌人名、事件的敘述，讓很多人在學校裡對歷史課感到倒盡胃口，印象中的歷史就是死背一堆什麼時候什麼人發生了什麼事，沒有道理可講，全憑記憶，背對了就是對，記錯了就是錯。念中國歷史還有另外一項特別無聊的因素，就是還要將這些資料和朝代對應起來，明明都很相像的帝王人物及其開國、動亂、戰爭、亡國的類似事件，還要分辨到底是哪一朝發生的，誰記得住啊！

二來，正就是從不同史學傳統中學習了複數的、多元的中國歷史，明明看

到、知道這是一個多麼廣大的知識天地，裡面有那麼多不同的角度，見識到那麼多有趣奇特的人類經驗，然而回頭檢視，發現還有人浪費篇幅、浪費時間專注寫那麼狹窄、重複的內容，當然愈來愈覺得荒謬。

還有第三個更強烈的理由：光從表面看，這些政治鬥爭或動亂戰爭的紛紛擾擾，到底能讓人學到什麼？不追究、不弄清楚不同制度與結構下的權力運作，不追究、不弄清楚動亂背後的社會因素以及戰爭形成的時代變化，光是記得事件，不可能讓學習歷史的人累積經驗，形成智慧。有人因為得到這些皮毛知識，就熱衷於了解並轉述種種權謀故事，宮廷或朝廷的陰暗故事，認為愈黑暗的就愈接近事實，甚至以自己通透這些故事自豪。但我真的忍不住要問：這樣對個人的人生何益？養成總是以黑暗的角度來看人、理解人，無法體會人有多麼複雜，尤其是失去了在歷史中認知人的多樣性的機會，這樣有意義嗎？

中國歷史很漫長，所以更不能用朝代政治來述說。那樣的敘述使得歷史感覺上不斷重複，每個朝代都很像，到後來根本搞不清楚不同時代的不同特性，只覺得中國歷史又臭又長。

要講通史，就必須讓漫長的時間分出明確的不同時代，更要讓不同的時代呈現不同的特色，才能合理化涵蓋那麼長時間寫成通史的意義。因此一項結構上的大考驗，是要如何選擇在不同的時代凸顯不同的重點內容。

我選擇的標準是去辨識那個時代發生最大變化的領域，優先講述。其次，從人類文明的尺度上看，出現了特別有價值的成就，或對其他地區有外延影響力的，優先講述。第三，有助於我們了解普遍人類經驗，或現實仍有影響的長期結構，優先講述。相對地，過去被視為理所當然的歷史內容，因而被講爛了的那些朝代政治事件，能不講就不講。

所以我沒有花篇幅講述秦統一六國過程中和趙國、齊國、楚國的那些戰役，沒有講述牽涉秦始皇身世的宮闈秘密，而是將重點放在梳理戰國諸子的來歷與彼此的關係。對我來說最重要的，是過去將諸子分家、分派講，讓人無法掌握他們所共同建構的熱鬧知識互動，過去也不解釋從「王官學」到「諸子學」的來歷變化，好像各家各派都是從天上掉下來似的，違背了歷史提供因果解釋的基本要求。我希望在這方面有所修正補充。

對於六朝的歷史，我特別凸顯當時由世家所組成、所掌控的貴族社會與貴族文化。因為這是和中國歷史的其他時期都不一樣的關鍵特徵。過去理所當然以帝王為中心的歷史觀，忽略甚至扭曲了這段世家高於皇帝，貴族以莊園經濟自恃，建立帶有高度炫耀表演性質文化的歷史。

至於宋代，我將重點放在輝煌的文人文化，這是宋朝「重文輕武」付出極高代價，自願居於武力弱勢而得以換來的成就，有其在文明上的普遍價值，不應該用一味抬高武力擴張的片面價值予以抹煞。

對於明代，我反覆著墨的是朱元璋所設計、建構的恐怖統治機制，徹底摧毀了原來宋朝那種「士人與君王共治天下」的理念，屈辱士人並強力制約人民的自由。沒錯，因為這種統治模式仍然有著清楚的當代回響。

通史之「通」，另外一層意義也就在於盡可能涵蓋政治、經濟、社會、思想、文學、文化、科技等各個面向，但不能寫成走馬看花的流水帳，而是必須負責任地選擇重點、有機穿插，不只變化敘述重點，還要顯現各領域的交互關係。

04 講隋唐歷史不提「大唐盛世」

講述中國通史還有一項麻煩考驗，那就是如何應對許多陳腔濫調的說法。從一個角度看，教中國通史真的不難，因為長期以來傳統上累積了太多這種陳腔濫調，甚至連形容詞都不斷回收重用，只要鋪排開來，就足夠填滿一套課本，而且的確有不少通史書籍是這樣寫成的。從相反的角度看，講中國通史卻也最難，因為如果要避開這些陳腔濫調，不只是自己必須形成歷史解釋，甚至連歷史敘述都得獨出心裁，找到不一樣的方式來呈現。同時還一定會招來部分讀者以預期心理抱怨：為什麼這個那個沒說？連這個那個都沒提到，作者懂中國通史嗎？

為了避開陳腔濫調，我講授的課程就以「重新認識中國歷史」為名，並反覆強調「重新認識」的做法，就是以前歷史課本或眾多通俗讀物中一般會講的，既然大家都知道了，我就不需要放進來再講。我專注講以前被忽略的歷史面向，或是針對同樣人物、事件、時代產生的不同解釋說法。

如此避忌陳腔濫調的態度，應該在處理隋唐歷史時表現得最明顯吧！我完全沒有提到「大唐盛世」，沒有將唐朝渲染為一個偉大的朝代，比其他朝代來得偉大。我更關切的，首先是唐朝的來歷。承繼陳寅恪先生的研究，一定要弄清楚唐朝和北魏、北齊、北周之間的關係，唐朝能夠安定強盛，主要的「均田制」、「府兵制」都承襲自北朝。從這種來歷去考索，也就很容易看得出來，隋朝——尤其是隋文帝——承先啟後的關鍵角色。

雖然歷史上總是「隋唐」並稱，但長期以來隋代都被一筆帶過，看作是使得唐代得以興起的錯誤示範。那是在渲染唐朝的心理下所產生的態度，卻不太能經得起史料的考驗。於是我相對更強調隋文帝的歷史作用，鋪陳出他在位時進行的「國家建造工程」，那不只是唐朝的基礎，而且對照下就看得出來，唐朝反而沒有這種主導「國家建造工程」的人物與氣魄。

另外，我也將注意的焦點從「貞觀」、「開元」移轉到更大尺度的時代變化上。以唐朝為全尺度，我們會看到唐朝的統一局面實質只維持了一百多年，到爆發「安史之亂」為止。自「中唐」以降，朝廷就再也收拾不住，只能看著各地的藩鎮不斷坐大，國家陷入複雜的分裂局面。從時間比例上看，講唐朝只強調「盛唐」一段的榮光，將更長時期的中唐、晚唐，再延續到五代的嚴重軍事武力分裂狀況不提也不解釋，這不太對勁吧！

放到再大一點的尺度，也就是「中古史」的概念裡，我們還會看到：原來從東漢末年建安年間之後，一路貫穿到宋朝的建立，即西元第三世紀到第十世紀，中國大部分時間在政治上都不是統一的。初唐到盛唐那一百多年，是這段時期的特例，而且很快地又被內在強大的分裂因素終結了實質統一，只留下名義上維持效忠唐朝的局面。

那「中古」是什麼時候、如何結束的呢？要到宋朝開啟了新的「近世」局面，憑藉趙匡胤的強烈決心，一定要收拾並終結長期「武人治國」、「武人亂政」的結構，所以才會出現那麼極端的「重文輕武」、「強幹弱枝」政策。

我不是故意要在講述歷史時做翻案文章，而是往往必須對那些流傳已久的陳腔濫調進行翻案，才有辦法回歸史料，整理出更合理、更能連結前後歷史因果變化的解釋。我們被這些陳腔濫調綁架以至於無法看清中國歷史現象，實在已經太久了！

05 抗拒傳統上抬高「南明」的荒謬

還有一些對於陳腔濫調的規避，背後有強烈的價值評判意義，雖然沒有在《不一樣的中國史》行文中明白表示，但對於我的敘事重點選擇有著決定性的影響。

例如我在第十一冊書中仔細討論了明朝的滅亡，認真探索明朝究竟是亡於流寇或亡於滿洲的歷史論題，還動用了「心理史學」的研究途徑，將崇禎皇帝當作極度扭曲的精神病理案例來進行分析。在這之後，我卻完全沒有提到流寇與滿洲人進京之後，延續明朝名號的「南明」歷史。

這是有意識地抗拒傳統上抬高「南明」重要性的兩種說法。一種說法強調這些明朝的孤臣孽子如何堅持對明朝的效忠，一路護衛朱家皇室，不離不棄，並且由此聯繫到後來種種「反清復明」的地下活動，凸顯在清朝異族統治下漢人對滿人始終不投降的態度。

然而讓我實在無法同意的，一是這種看法中的種族主義立場，認定漢人就是比滿人好，只能有漢人皇帝，不能有滿人皇帝。這種立場最誇張的表現之一，是金庸所寫的第一部武俠小說《書劍恩仇錄》，小說中設定的主要懸疑，就是乾隆皇帝的血統，他其實不是滿人而是漢人，是陳家洛的親生兄弟。於是陳家洛率領「紅花會」的江湖弟兄們想方設法要讓乾隆承認自己的漢人身分，沒有要推翻他、殺害他，而是讓他從滿人皇帝變身為漢人皇帝，彷彿如此就會有天旋地轉的效果，原來滿人王朝的所有問題、所有令人痛恨之處，就通通消失解決了。

這種立場之荒謬，可以從後來金庸自己的明白修正看得清清楚楚。到了《天龍八部》中，金庸轉而深情描述，原本叫做喬峯的蕭峯，因為被發現原來是契丹人而非漢人，就逼得必須和丐幫的弟兄割袍斷義，引發一場大戰鬥。這個喬峯，明明還是同一個人，為什麼突然就從親如兄弟變成了仇人死敵？金庸明顯質疑，也要讀《天龍八部》的讀者質疑這樣的種族主義態度。

到了他的最後一部武俠小說《鹿鼎記》中，金庸更是藉由描寫順治和康熙的父子互動，點出了如果真的可以「永不加賦」、照顧百姓，人民為什麼只因為統治者是滿洲人就一定要反抗清朝？金庸的種族意識完全翻轉了。

而「南明」之荒唐更有甚於此。不只是堅持種族立場，還堅持只有姓朱的能夠當皇帝。即使經歷過明末大亂，人民流離失所而爆發難以收拾的流寇問題，這些大臣們卻仍盲目地抓住任何一個崇禎皇帝的子嗣，就死心塌地奉為主子。這不只是愚忠，更反映了明朝士人被這套極權體制洗腦的根本病症。這裡明明藏著明朝滅亡的其中一項主要原因，有什麼理由對南明大書特書，給予特別的歷史地位？

我所選擇的，是從朱姓皇帝種種不像樣的行為切入，探討朝廷完全無法牽制、約束皇帝的畸形統治運作，再描述明朝皇帝「與宦官共治天下」的亂象，呈現士人在威權下失去了尊嚴，紛紛選擇與宦官派系合作連結的態度。目的是希望能夠破除過去陳腔濫調中對於明末盲目效忠皇帝的這群士人的溢美崇拜，建立對於統治權力運用上一些較為合理的評判標準。

06 鄭成功進攻熱蘭遮城 非臺灣史開端

抬高「南明」重要性的另一種說法是：鄭成功來臺趕走荷蘭人，就是南明歷史中的一部分，所以聯繫到對於臺灣歷史的理解，非重視南明不可。

我向來反對將一六六一年鄭成功進攻熱蘭遮城當作臺灣史的開端，這是不折不扣以中國歷史本位立場出發所產生的偏見和誤解。鄭成功來臺灣之前，臺灣已經在熱鬧的東亞海域貿易競爭場域中受到多方勢力的重視，也因此才會有荷蘭人興建熱蘭遮城，才會有鄭成功選擇臺灣作為從大陸沿海撤退的基地的歷史事實。還有，「南明」的歷史角度無法讓我們真正弄清楚鄭成功的來歷，尤其是從李旦、鄭芝龍以來，和日本、澳門、葡萄牙、荷蘭各方勢力之間的複雜關係。

加拿大漢學家卜正民（Timothy Brooks）在《塞爾登先生的中國地圖》（聯經出版）書中，藉由對於十七世紀地圖的比對，運用英國、荷蘭等地史料，非常明確地指出了關鍵的半世紀變化。一六〇九年時，對航行於東亞的水手、貿易商、野心家來說，臺灣還不是一個重要的地方，因而在那張關鍵的「塞爾登先生的中國地圖」裡，往各個不同方向的航線都沒有靠近、指向臺灣，臺灣只是海圖上聊備一格的存在；然而到了一六六一年，荷蘭人已經在臺灣南部建立了基地，重新調整原本以印尼巴達維亞城為中心的貿易航行運作。繼承父親鄭芝龍龐大海上船隊的鄭成功，也看中了先是澎湖、再是臺灣在這個區域的關鍵地位。

所以應該要追究清楚的是：到底從一六〇九年到一六六一年間，在這塊海域上發生了什麼事？哪些因素造成了臺灣地位的快速上升？如果想知道，可以參考社會歷史學者鄭維中的研究著作《海上傭兵》（衛城出版），這本書的副標題是「十七世紀東亞海域的戰爭、貿易與海上劫掠」。

這本書一直到第十二章，將近四百頁之處，才講到鄭成功攻臺的戰役，而且就是將這場戰役放在十七世紀更多、更複雜的「戰爭、貿易與海上劫掠」事件中來敘述與說明的。而書名的「海上傭兵」，明確指的就是由李旦開創、鄭芝龍繼承並擴大的海上船隊。「他們活躍在跨國的空間之中，能使用多種語言，遠比明帝國的官員擁有更多對外經驗。他們曾先後是東印度公司與明帝國的傭兵，也曾扮演荷蘭人與中國生意的中介，與荷蘭東印度公司的關係有時合作，有時競爭。他們的商業路線曾經遠達菲律賓、暹羅、日本，使得福建安海一度成為東亞貿易的重要節點。他們的思維超越帝國官員與文人的眼界，更非反清復明、忠君愛國等標籤所能說明。」（引自該書書介）

鄭芝龍最早就是以通譯的身分在歷史舞臺上出現的，他娶了平戶的日本人為妻，他經常率領自己的篷船跟隨荷蘭人的船隻航行，提供護衛。忽略了這樣的史實，要如何訴說鄭成功的故事？這裡沒有提到「南明」，事實上明白排除了從南明的角度理解這段歷史的可能性。

因為「這個海上集團的興起與消失，不屬於任何一國的歷史，必須從世界史的角度理解。」（出處同上）從「南明」去講鄭成功與臺灣史，非但無助於我們準確掌握那個時代發生了什麼事，反而增添了層層誤解，看不到當時海上的複雜交錯現象，以及參與「戰爭、貿易與海上劫掠」的人，他們是如何看待臺灣的。

07 改變臺灣歷史的關鍵，存在於臺灣之外

現在很多人接受「同心圓」式的歷史知識架構，臺灣的教育體制也全面改以這種架構來安排歷史內容的教學。所謂「同心圓」，就是以吸收歷史知識的個人為中心，由近而遠，一步一步擴展對於更大範圍歷史的認識。所以理所當然地，一定是從臺灣史講起，然後才是中國史、東亞史，再一圈圈地擴大到西洋史，世界史在最外面，就放在最後。

我對於用這樣的架構來學歷史，尤其是學臺灣史，從實際研讀、講述的經驗中產生了許多疑慮。從比較小的範圍看，我們不能不面對一項臺灣歷史的特性，也許不能讓臺灣人感到驕傲，卻是不容忽視、否認的事實，那就是臺灣的

歷史變化經常不是由臺灣人自己決定的，改變臺灣歷史的關鍵因素，往往存在於臺灣之外。

這使得我對於好聽、響亮的臺灣本土口號，不得不從史學探究上抱持高度懷疑，甚至反感。「臺灣史是臺灣人的歷史」、「臺灣歷史要有臺灣主體性」等等很多人隨意掛在口中、筆下的說法，真的經不起考驗。鄭成功來到臺灣，無法從中國歷史的「南明」變化來說明，當然更無法從當時的臺灣人——無論如何定義那時候的「臺灣人」——做了什麼，在臺灣發生了什麼事來解釋。

再明顯不過的，只看臺灣人、只看臺灣，不管怎麼著意強調當時原住民在臺灣的生活與部落性質、統治聯盟，都無法連結到鄭成功以及他在臺灣建立的政權。不講鄭成功，不講後來仍然和當地臺灣人無關的、外來的，由北京決定的施琅攻臺，臺灣歷史就講不下去了。而要弄清楚鄭成功為什麼來到臺灣，那非得將整件事放入東亞海域一個多世紀的變化脈絡中不可，造成這些變化的力量，當然不是來自臺灣本身，甚至不是來自亞洲，而是歐洲航海大發現、大冒險的其中一環，來自於幾千公里之外的西班牙、葡萄牙、英國和荷蘭。

同樣的，「臺灣人的臺灣史」，以臺灣人為主體的歷史，無法解釋臺灣為什麼變成了日本的殖民地。那明明就是發生在日本和清朝之間的歷史事件，一直到日軍登陸，才有臺灣人介入參與其中。必須放在日本明治維新發生了什麼事，清朝的北洋海軍如何建軍又如何失敗，以及朝鮮如何被迫從清朝的屬國變成了受到日本以不平等條約壓迫，在這樣的宏觀東亞史架構中，才說得清楚「乙未割臺」。

「臺灣人的臺灣史」，以臺灣人為主體的歷史，也沒有辦法解釋臺灣怎麼變成「中華民國」。這件事的主體也不在臺灣，而發生在中國大陸，然後發生在爆發韓戰的韓國，又發生在美國與蘇聯間形成的冷戰緊張關係中。有哪一點是臺灣人可以介入的，更不用說有哪一件事是臺灣人可以決定的！

沒有大架構，而且是隨著不同時代依照解釋歷史需要所調整的不同大架構，怎麼可能講臺灣史？沒有大架構作為理解的背景，專注在臺灣身上，在所有的歷史知識之前先教臺灣史，教的到底是什麼樣的臺灣史？就算建立了學生的「臺灣主體性」意識，但關鍵問題能不問、不回答嗎？沒有世界史、東亞史、中國史任何背景的學生，到底學到了什麼樣的臺灣史？

在《不一樣的中國史》中，我至少很努力地將甲午戰爭的中、日歷史源頭都做了詳細整理，盡可能解釋清楚為什麼日本要以臺灣作為第一個海外殖民地。在和「敏隆講堂」合作的另外一套課程「東亞史的關鍵時刻」中，我又認真梳理了中國、日本和朝鮮的互動變化，在這樣的基礎上再來談臺灣史，應該還是比較有底氣、不虛空吧！

08 和世界性潮流逆向的「同心圓」史觀

從更大的範圍看，「同心圓」史觀也就是高度自我中心的認知角度，將自己擺放在歷史的中心點上。用這種方式教與學臺灣史，或許有助於產生強烈的認同感，創造出下一代的「天然獨」現象，然而令人不得不憂心的是：這種自滿自信，豈不是從坐井觀天的態度中生長出來的嗎？

我們可以不需要一直沉浸在對於臺灣的「悲情」哀怨中，然而卻不應該失去對於現實的戒慎觀照。

用什麼方式學習、吸收歷史，就會創造出對於現實什麼樣的態度。過去的「悲情」，源自於臺灣永遠在歷史敘述的邊緣，從中國地理與歷史的邊陲到日本殖民統治中的歧視待遇，再到「反攻復國」政治意識形態下被視為暫居之地。現在的自滿自信，源自於從一開始就將臺灣擺在中心，好像一切最重要的事都發生在臺灣，由臺灣人、臺灣社會主導發生，外在的環境、廣大的世界只是可以晚一點再說的背景。由彼到此，實在是太大、太劇烈的逆轉變化。

拒絕繼續將臺灣史放在中國史的架構中來看待，這沒問題，卻並不表示臺灣史因而就可以獨立出來作為中心，都不需要考慮其他更大尺度的框架。相反地，如果真的要擺脫從前的中國框架與偏見，應該要組構更完整、更細密的框架，將臺灣歷史安穩牢靠地放進去，才能得到確切的認識。

最外層、最大的框架是「人類怎麼來的」。臺灣流行的「同心圓」史觀，明顯地和世界性的潮流逆向而行。二十一世紀以來，尤其是最近十年，歷史敘述上最有突破、最受矚目的是「大歷史」，盡量放大時間尺度，讓人們可以有效掌握幾萬年、幾十萬年歷史變化的敘述解說。

其中一本代表書籍是以色列歷史學家哈拉瑞（Yuval Noah Harari）的《人

類大歷史》（天下文化出版），在四、五百頁的篇幅中，講完我們這個人種（Homo Sapiens）從東非出現、一直到現在的歷史。這種歷史的重點在於幫助讀者明瞭人和其他物種之間的根本差異，以及人與人之間會出現文明差異與強弱消長變化的原因。

書中特別對於七萬年前出現的「認知革命」再三強調，說明人類擁有其他生物都沒有的特殊能力——想像並談論非現實的、虛構的事物，如此使得人能創造出神、神話與宗教，藉由各種信仰組合出更大的團體。此外，人類的社會組織不是依靠本能形成的，如螞蟻、蜜蜂也有大群體，但牠們依照本能只能組成同樣的群體，人類卻能從想像而實現，在歷史中出現了近乎無窮多的社會形式。

而我們的現代社會，只是其中的一個選項；臺灣社會當然又只是現代社會中的一個選項。從這樣的人類大架構看過去，我們會覺得自己相對渺小，會覺得需要對於充滿多樣性的人類經驗多所探索、學習。

接著還要有一個關於東亞文化歷史的大框架，重點在於對照這個區域所產生的文明型態，明顯地與近東或歐洲很不一樣之處。臺灣的歷史正是受到這種文明變化發展的高度制約，在南島文化與大陸文化的交界衝擊中才產生的。

然後下一個框架才是中國歷史與中國文化；再下一個框架是從十六世紀所形成的全球海洋貿易史，尤其是海洋貿易給大陸地區帶來的激烈衝擊。

將這些框架簡單介紹、備置好了，再將臺灣史擺放進去，那麼感受到的就不會是自滿自信，而是一種更符合臺灣現實條件地位的理解——臺灣的過去、現在與未來都受到重重的限制與威脅，臺灣歷史相當程度上是由外在眾多力量所塑造、決定的。我們當下需持續努力的，是盡量擺脫約束，多爭取一些自主性，而不應該將「自主性」、「主體性」視為臺灣天生具備的條件。

09 歷史該如何和現實發生連結

早在「敏隆講堂」通史課程開課後沒多久，當時遠流出版公司的副總編輯吳家恆就跟我接洽整理內容出書的事宜，並且很積極、很有效率地將我交付的課程錄音整理為逐字稿。那時候基本上決定了這套書的規模，超過十冊的分量讓我自己不得不有敬懼之心，以至於拖遲了書寫的進度。

後來趨勢教育基金會成立「趨勢講堂」，得到執行長陳怡蓁的寬容美意，讓我得以將整套課程在「趨勢講堂」上重講一次，有機會對之前不是那麼有把握的部分重新鑽研、思考和修訂，也因此就有理由進一步延遲了書稿的進度。

真正讓我下定決心，排開心理障礙並投注精神按進度整稿，是來自北京中信出版公司當時第五社社長王強的出版邀約與溫厚鼓勵、催促。二〇一八年十月，簡體版第一冊正式問世行銷，在我的著作中創下了不曾有的先例：同樣內容的書籍，大陸比臺灣早出版。

大陸那邊有了固定的出版排程，我當然不能鬆懈，規定自己必須日起有功，對著既有的逐字稿和原本的上課筆記，加上滿桌的參考書籍，一字一字、一頁一頁、一講一講改寫。每完成一冊，也將文檔傳送給遠流的編輯同仁。

不過也就在我拖遲進行書稿的這十年間，臺灣的社會氣氛進一步改變，臺灣的出版環境也進一步改變。這套書的內容題材，是從二〇一四年「太陽花學運」、二〇一六年政黨輪替及香港騷動以來，在臺灣愈來愈不受歡迎的「中國」。任何與中國有關的題材就有反感，逐漸在臺灣社會變得愈來愈普遍，甚至愈來愈理所當然。

因而這整套書是在作者與出版社都自知「不合時宜」的情況下和臺灣讀者見面的。受到這種壓力影響，遠流的同事特別選了一篇短文，當作整套書的總序，文章的標題是「中國史是臺灣史的重要部分」。這篇文章並不是特別為這套書寫的，那本來是我評論臺灣歷史教育的時評意見。文章是我寫的，也表達了我長期一貫看待臺灣史的立場，我沒有理由拒絕編輯將之收錄進來的建議。

這中間牽涉到最根本的「歷史的功用」問題，以及歷史該如何和現實發生關係的根本主張。我的想法可以遠溯至一九八五年，大學四年級下學期，當時正努力準備考歷史研究所，每天早晨八點多就進入臺大總圖書館讀書，一直待到晚上十點圖書館關門。

那一天，我清楚記得在圖書館裡讀了一整天的書，是王仲犖的《魏晉南北朝史》，滿腦子都是六朝世族莊園經濟的種種細節文句，一出了圖書館的門，沒有幾步路，眼前是「二次尖峰」時間裡車水馬龍的新生南路，我站在路邊等著要過馬路，恍惚地難以從書頁中的歷史時空將自己拉回現實。

我不得不在心中起了深刻的疑惑：我所學習的六朝歷史，和眼前的這個時空情境有關係嗎？我能夠、我該如何自圓其說，讀歷史讓我更能理解現實？歷史與現實真的能夠連結得上？

從那一刻起，我很認真地思索這個問題，後來又在臺灣關鍵解嚴時刻去了美國繼續研究歷史，這種落差突兀之感更形強烈，也更加強了我一定要找到能夠說服自己的歷史與現實連結道理，否則我無法安心地留在歷史研究的領域中追求歷史知識。

10 中國史是臺灣史重要部分的延展

《不一樣的中國史》在二〇二〇至二一年陸續出書，每一冊都掛有書腰，上面大字寫著：「中國史是臺灣史的重要部分」，雖然不是我的本意，但看起來似乎是對讀者承諾，讀了這套書將直接有助於對臺灣史的認識。於是到後來引發了包括遠流王榮文董事長在內的讀者質疑：這裡面有中國史，但從中國史接到臺灣史，讓人可以感受到中國史作為臺灣史一部分的內容在哪裡呢？

主要在辛亥革命發生之後的「民國史」段落中，更明確地說，在將「民國史」納進來之後呈現的臺灣複雜變化面貌中。這部分目前正在進行中，我從二〇一九年繼續和「趨勢講堂」合作，開設了「百年臺灣史一九一九～二〇一九」的長期課程，以「全史」的精神整理這一百年臺灣所發生的事。所謂「全史」有兩重意義，第一是盡量涵蓋最廣闊的範圍，從政治、軍事、經濟、社會、思想到生活、文學、藝術，都包納進來綜合敘述，並探討各領域現象間的歷史關連；第二是擺脫「臺灣人的臺灣史」限制，盡量將影響臺灣的各種不同力量都一併納入討論，中國史、日本史、美國史都在不同階段成為決定臺灣走向的必要內容。

不過從這樣的角度所見、所陳述的「民國史」，必然側重與臺灣的關係，失去了「民國」另外上接晚清、下啟「人民共和國」的意義。於是在遠流的安排下，有了三場形式上較為鬆散，聚焦討論什麼是「民國」，如何談論「民國史」，為什麼「民國史」那麼難談、那麼少人談……等核心話題的演講，然後再將演講內容整理為隨筆式的文稿，算是對「中國史是臺灣史的重要部分」這個命題的延展、解說與交代。

從二〇〇七年初開講「重新認識中國歷史」第一堂課，到寫這段文字的二

○二二年夏末，整整十五年過去，我的一部分壯年心志都奉獻於這個歷史寫作計畫，多加出這一本帶有附錄性質的小書，算是紅筆濃墨畫出的一個大號句點吧！

概念民國：不一樣的中國史・迴音 / 楊照著. --
初版. -- 臺北市：遠流, 2023.01
面； 公分.
ISBN 978-957-32-9948-6(平裝)

1.民國史

628　　111021674

概念民國
不一樣的中國史・迴音

作者 / 楊照

副總編輯 / 鄭祥琳
文字整理 / 江秉憲
封面設計 / 張巖
排版 / 連紫吟、曹任華
行銷企劃 / 舒意雯
出版一部總編輯暨總監 / 王明雪

發行人 / 王榮文
出版發行 / 遠流出版事業股份有限公司
地址 / 臺北市中山北路一段11號13樓
電話 / (02)2571-0297　傳眞 / (02)2571-0197　郵撥 / 0189456-1
著作權顧問 / 蕭雄淋律師

2023年1月16日 初版一刷
定價 / 新臺幣320元 (缺頁或破損的書，請寄回更換)

ISBN 978-957-32-9948-6

遠流博識網
http://www.ylib.com
E-mail: ylib@ylib.com
遠流粉絲團 https://www.facebook.com/ylibfans